5-MINUTEN-MITMACH-GESCHICHTEN

FÜR KITA-KINDER

Ellen Tsalos-Fürter | Petra Bartoli y Eckert

Geschichten vom Kranksein

Verlag an der Ruhr

IMPRESSUM

Titel	**Geschichten vom Kranksein**
	5-Minuten-Mitmach-Geschichten für Kita-Kinder
Autorinnen	Ellen Tsalos-Fürter, Petra Bartoli y Eckert
Titelbildmotiv und Illustrationen	Petra Lefin
Umschlaggestaltung	Magdalene Krumbeck
Innengestaltung	Markus Schmitz
Lektorat	Juliane Baumann

Verlag an der Ruhr
Mülheim an der Ruhr
www.verlagruhr.de

Geeignet für Kinder von 3–6 Jahren

Unser Beitrag zum Umweltschutz
Wir sind seit 2008 ein ÖKOPROFIT®-Betrieb und setzen uns damit aktiv für den Umweltschutz ein. Das ÖKOPROFIT®-Projekt unterstützt Betriebe dabei, die Umwelt durch nachhaltiges Wirtschaften zu entlasten. Unsere Produkte sind grundsätzlich auf chlorfrei gebleichtes und nach Umweltschutzstandards zertifiziertes Papier gedruckt.

© Verlag an der Ruhr 2013
ISBN 978-3-8346-2423-9

INHALTSVERZEICHNIS

INHALTSVERZEICHNIS

Wenn andere krank sind

Kinder lieben Geschichten: Geschichten machen Spaß, regen ihre Fantasie an und liefern ihnen vor allem ein hohes Identifikationspotenzial. Mit der Reihe „5-Minuten-Mitmach-Geschichten für Kita-Kinder" können Sie diese kindliche Leidenschaft für Geschichten aufgreifen und Ihre Kinder gleichzeitig in wichtigen Lernbereichen fördern. In den drei Editionen

Aktive Sachgeschichten,
Aktive Gefühlsgeschichten und
Aktive Fantasiegeschichten

finden Sie informative, einfühlsame und ideenreiche Geschichten, die Anregungen und Sprachanlässe zu einem bestimmten Themenbereich bieten. In den **Geschichten vom Kranksein** können Sie und die Kinder gemeinsam davon lesen und darüber diskutieren, wie es ist, selbst krank zu sein, und wie es ist, wenn andere Menschen, Familienangehörige oder Freunde, krank sind. Mit den praktischen Anregungen in diesem Buch fördern Sie ein ganzheitliches Lernen mit allen Sinnen, da jeder Geschichte eine Auswahl von abwechslungsreichen und handlungsorientierten Aufgaben aus nachstehenden Lernbereichen folgt:

 Sprache und Sprechen,

 Natur und Lebenswelt,

 Kreatives Gestalten,

 Theater, Musik, Spiel, Spaß, Bewegung und Entspannung.

So können Sie verschiedene Aspekte der einzelnen Geschichten gezielt aufgreifen, vertiefen und weiterführen. Unter dem Bereich Sprache und Sprechen finden Sie in erster Linie Verständnisfragen zum Text, mit denen Sie den Kindern helfen können, die Geschichten inhaltlich aufzuarbeiten. Durch weiterführende Fragen und Erzählanlässe können Sie die Geschichten im Gespräch mit den Kindern inhaltlich reflektieren und in größere Zusammenhänge stellen. Den Kindern wird die Möglichkeit gegeben, sich über ihre eigenen Erfahrungen auszutauschen.

Neben dem Bereich Sprache und Sprechen steht bei jeder Edition ein ausgewählter Lernbereich im Mittelpunkt. Zu jeder Geschichte findet sich deshalb mindestens eine Anregung aus diesem Lernbereich, während Anregungen zu den übrigen Lernbereichen variabel sind.

Bei den **Geschichten vom Kranksein** steht die Reflexion im Vordergrund. Die Anregungen zu diesen Geschichten enthalten insbesondere **Aufgaben zum Sprechen** über das Gelesene. Die Kinder können im Gespräch ergründen, was es für sie selbst und für andere bedeutet, krank zu sein, wie man sich dabei fühlt und wie man mit Krankheiten umgehen kann. Worauf muss man achten, wenn andere krank sind, und was ist, wenn Menschen nicht mehr richtig gesund werden? Das Thema Kranksein bietet vielfältige Gesprächsanlässe.

Die Geschichten und Anregungen sind dabei inhaltlich wie praktisch so gehalten, dass sich die Kinder auch selbstständig mit einem Thema beschäftigen können: Die Textlänge der einzelnen Geschichten ist überschaubar und lädt Leseanfänger geradezu dazu ein, sich den Text allein zu erschließen. Eine passende Illustration zur Kernszene jeder Geschichte sorgt zudem für Anschaulichkeit. Dabei können Sie die Bilder entweder vorab betrachten, um sich auf eine Geschichte einzustimmen, oder Sie nehmen die Illustration im Anschluss an eine Geschichte zum Sprechanlass über das gerade Gehörte. Wer Lust hat, darf das Bild natürlich auch ausmalen. Zur praktischen Durchführung bietet es sich unter Umständen an, die Illustration vergrößert zu kopieren und sie für alle Kinder sichtbar bereitzustellen. Das ist insbesondere dann wichtig, wenn Sie mit einer größeren Gruppe von Kindern zusammenarbeiten. Begleiten Sie Ihre Kinder mit den folgenden Geschichten durch das oft beängstigende und aufregende Thema Kranksein und nutzen Sie die zahlreichen Anregungen dazu, den Kindern zu zeigen, wie man mit eigenen Krankheiten und Krankheiten von anderen umgehen kann. Zu Hause oder in der Einrichtung – machen Sie die Geschichten vom Kranksein zu einem unverzichtbaren Ritual.

Wir wünschen Ihnen viel Spaß beim Vorlesen und Weitermachen!

Petra Bartoli y Eckert & Ellen Tsalos-Fürter

„Hatschi!", muss Jannis niesen. Er liegt in seinem Bett. Bis zur Nasenspitze hoch hat er die Bettdecke gezogen. Mama setzt sich zu ihm.

„Oje, da hat es dich ganz schön erwischt", meint sie und streichelt Jannis über den Kopf.

„Wer hat mich erwischt?", will Jannis wissen. Dabei klingt seine Stimme ganz kratzig. Und in der Nase kitzelt es. Jannis schnieft.

„Die Schnupfenmonster haben dich erwischt", lacht Mama. Jannis reißt die Augen auf.

„Und was machen die mit mir?", krächzt er.

Mama will es Jannis erklären. Sie überlegt. Dann sagt sie: „Die Schnupfenmonster sind in deinem Körper unterwegs. Sie machen dabei jede Menge Unsinn."

Jannis schüttelt matt seinen Kopf.

„Und wie sehen die überhaupt aus?", will Jannis wissen. Mama zuckt mit den Schultern.

„Das weiß ich auch nicht so genau. Sie sind so winzig, dass man sie mit den Augen gar nicht sehen kann."

„Hatschi", muss Jannis schon wieder niesen.

„Ich will, dass mich die Monster in Ruhe lassen", flüstert er. Mama überlegt. Dann nickt sie.

„Ich weiß, was gegen Schnupfenmonster hilft. Willst du es wissen?", fragt sie.

Natürlich will Jannis das!

„Wir können sie in heißem Tee baden. Und dann mit warmem Holundersaft duschen. Das mögen die Schnupfenmonster nämlich ganz und gar nicht."

Jannis überlegt. „So wie ich keine Kürbissuppe mag?"

„Genau", meint Mama, „Schnupfenmonster ekeln sich fürchterlich vor Tee und Holundersaft."

„Und dann verschwinden sie?", will Jannis wissen.

Mama nickt. „Ich werde gleich eine Kanne Tee kochen. Und dir ein Glas warmen Holundersaft bringen."

„Mit Honig?", fragt Jannis hoffnungsvoll.

Mama lacht: „Ja, Honig kann nicht schaden. Ich glaube, der könnte gut dabei helfen, die Schnupfenmonster zu verjagen."

Dann steht Mama auf und geht in die Küche. Kurze Zeit später kommt sie mit einem Tablett wieder. Darauf steht eine dampfende Teetasse. Und daneben ein Glas mit dunkelrotem Saft und einem Trinkhalm.

„Hier, mein kranker Schatz. Damit kannst du mit dem Verjagen der Monster beginnen."

Mama stellt das Tablett mit den Verjagungsgetränken auf Jannis Nachttisch. Sie nimmt die Tasse und hält sie Jannis hin. Jannis schnuppert. Aber mit seiner Schupfennase kann er gar nichts riechen. Egal, Hauptsache die Monster verschwinden schnell. Mama pustet in den Tee, damit er etwas abkühlt. Dann nimmt Jannis die Tasse und trinkt einen kräftigen Schluck. Er spürt, wie es in seinem Bauch ganz warm wird. Bestimmt wird es jetzt nicht mehr lange dauern und die Monster nehmen Reißaus. Jannis nickt zufrieden. Dann macht er die Augen zu. Schnell ist Jannis eingeschlafen. Und was denkt ihr, wovon er träumt? Natürlich von den Schnupfenmonstern, die alle eilig davonlaufen und ihn endlich in Ruhe lassen.

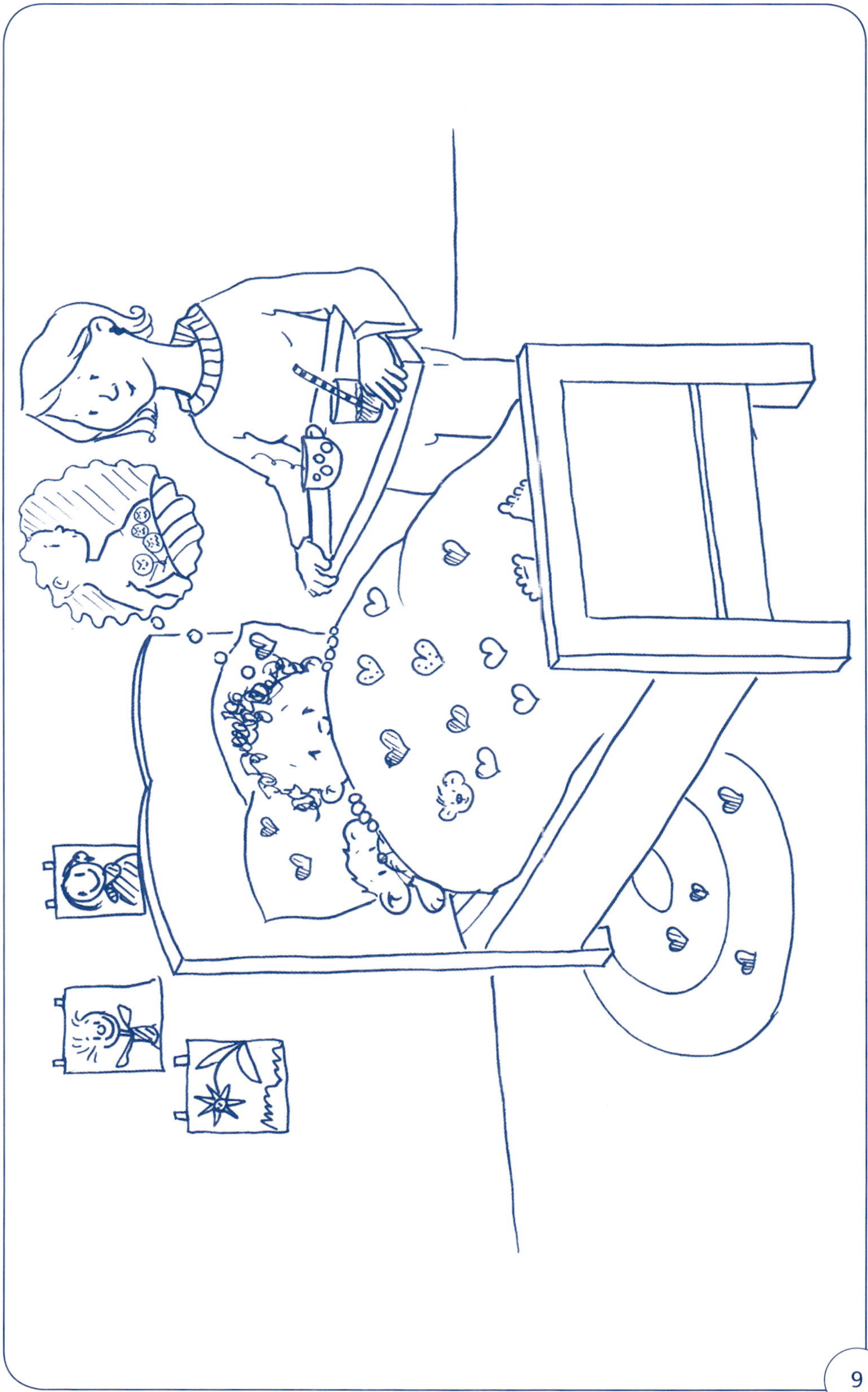

Zum Mitmachen, Ausprobieren und Staunen …

 SAG DOCH MAL …

Hattest du schon einmal Schnupfen? Wie fühlt sich der an?

 SAG DOCH MAL …

Welche Idee hatte Jannis Mama, um die Schnupfenmonster zu verjagen?

 DAS SCHNUPFENMONSTER

Bastle dir selbst ein kleines Schnupfenmonster. Dazu füllst du einen kleinen Luftballon prall mit Sand. Verknote den Ballon. Auf den gefüllten Luftballon kannst du mit einem wasserfesten Stift ein Monstergesicht malen. Wenn du den Ballon drückst und knetest, verändert sich das Gesicht und das Monster sieht immer anders und besonders lustig aus.

„Rosina, kommst du bitte zum Abendessen", ruft Mama aus dem Fenster. Rosina sitzt im Garten im Sandkasten. Sie winkt Mama zu, lacht und ruft: „Ja, ja, Abendessen. Hab ich nicht vergessen!"
Dann steht sie auf und läuft ins Haus.
„Wasch dir bitte erst die Hände", meint Mama, die in der Küche schon auf Rosina wartet.
Rosina nickt. „Händewaschen, wird gemacht. Geht ganz leicht, wär doch gelacht."
Mama kneift die Augen zusammen.
„Sag mal, Rosina, warum reimt sich denn alles, was du sagst?"
„Weißt du, was? Reimen macht Spaß!", antwortet Rosina.
Dann flitzt sie ins Badezimmer, um sich die Hände zu waschen.
Als sie wieder in die Küche kommt, sitzt Papa schon am Tisch.
„Hallo Rosina. Na, was hast du heute gespielt?", will er wissen.
Rosina setzt sich zu Papa und drückt ihm einen Kuss auf die Wange.
„Ich war heute Sandburgbauen. Willst du nachher einmal schauen?"
Papa lacht. „Ja, deine Sandburg schaue ich mir nachher gerne an. Aber warum sprichst du so komisch?"
„Warum ich das mache? Reimen ist eine tolle Sache!", meint Rosina und grinst.
„Das macht sie heute schon den ganzen Tag", sagt Mama, als sie sich zu Rosina und Papa setzt.
„Den ganzen Tag?", fragt Papa erschrocken. „Dann ist Rosina vielleicht krank."
„Du meinst, sie hat die Reimeritis?", flüstert Mama.
Rosina spitzt die Ohren.

„Das kann schon sein", meint Papa. Er zeigt auf die Butter, die auf dem Tisch steht und fragt: „Rosina, was ist denn das?"
„Das ist Butter. Schmeckt der Mutter", antwortet Rosina.
„Und das hier?", will Papa wissen und zeigt auf einen Teller.
„Ist mein Teller. Hat keinen Propeller", sagt Rosina zufrieden.
Papa kratzt sich am Kopf.
„Du hast Recht. Unsere Rosina hat die Reimeritis. Da gibt es nur ein Mittel, das dagegen hilft."
Papa steht auf und geht aus der Küche. Kurz darauf kommt er mit Zettel und Stift zurück.
„Rosina, ich werde jetzt deine Reimeritis heilen", meint er bestimmt. Er fängt an, auf das Bild einen Vogel zu malen.
„Das ist der Vogel Silber. Der hilft gegen die Reimkrankheit."
Rosina sieht sich den komischen Vogel an, den Papa da gemalt hat.
„Das ist der Vogel Silber", sagt sie. Dann überlegt sie angestrengt. Schließlich zuckt Rosina mit den Schultern.
„Auf Silber reimt sich ja gar nichts", beschwert sie sich.
„Genau", lacht Papa. „Deswegen kann man mit dem Vogel Silber auch die Reimeritis heilen."
„Dann bin ich jetzt wieder gesund", meint Rosina.
„Ach so, dann bin ich froh", lacht Papa. Und Rosina und Mama lachen mit.

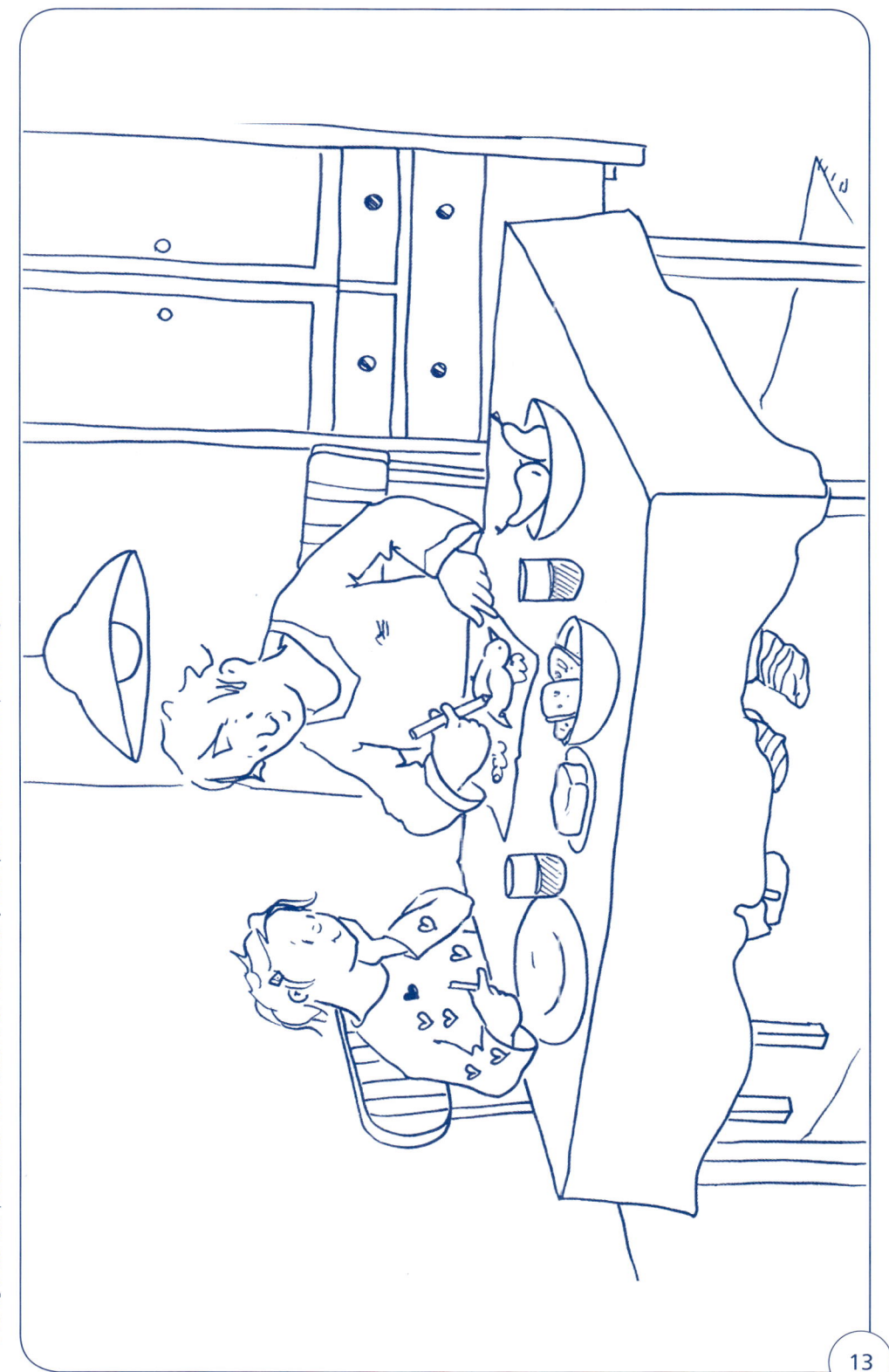

2

Zum Mitmachen, Ausprobieren und Staunen …

 SAG DOCH MAL …

Wie spricht Rosina?

 SAG DOCH MAL …

Mama und Papa befürchten, dass Rosina die „Reimeritis" hat. Was hilft gegen diese Krankheit? Und warum?

 DAS REIMSPIEL

Versuche, gemeinsam mit einem Freund auf verschiedene Wörter einen Reim zu finden. Sucht euch dazu unterschiedliche Gegenstände im Raum, z. B. Tuch, Stein, Bild, Gabel usw. Jetzt legt ihr abwechselnd die Dinge auf den Tisch. Der andere versucht, möglichst schnell ein Wort zu finden, dass sich auf den Namen des Gegenstandes reimt. Dann tauscht ihr die Rollen.

Heute ist es so weit. Am Nachmittag ist Frühlingsfest im Kindergarten. Und Sera darf mitmachen. Sie spielt die Gärtnerin, die sich um die Blumen kümmert. Leon ist ein Gänseblümchen. Und Melissa eine Tulpe. Sera wird die Blumen vorstellen. Was sie dabei sagen soll, haben sie schon viele Wochen geübt. Jetzt steht sie vor dem Spiegel im Flur und flüstert: „Willkommen, liebe Leute. Der Frühling beginnt heute!"

Dabei klingt ihre Stimme ganz piepsig. Gar nicht so, wie sie in den Proben sonst geklungen hat. Und in ihrem Bauch zwickt und blubbert es. Mama stellt sich hinter Sera und lächelt.

„Ich freu mich schon auf das Frühlingsfest, meine kleine Gärtnerin", sagt sie und streichelt Sera über den Kopf.

Sera dreht sich zu Mama um.

„Ich habe Bauchweh" sagt sie und klingt dabei ganz jämmerlich.

„Oje", meint Mama, „bist du krank?"

Sera nickt. Genauso fühlt sie sich. Ihr Kopf ist ganz schwer. Und ihre Hände sind kalt und schwitzig.

„Ich glaube, du hast Lampenfieber", vermutet Mama.

Sera fasst sich an die Stirn. So wie Mama es immer macht, wenn sie sich erkältet hat. Aber ihre Stirn fühlt sich gar nicht heiß an. Darum schüttelt Sera den Kopf. Mama lächelt.

„Lampenfieber ist kein echtes Fieber. Lampenfieber hat man, wenn man vor einem Auftritt schrecklich aufgeregt ist."

Sera überlegt. Es stimmt. Sie fühlt sich ganz hibbelig.

„Weißt du, was gegen Lampenfieber hilft?", fragt Mama.

Sera zuckt mit den Schultern.

„Gegen Lampenfieber hilft Mut", meint Mama. Sie nimmt Sera an der Hand und geht mit ihr ins Wohnzimmer. Dort setzt sich

3

Mama auf die Couch und zieht Sera auf ihren Schoß. Sie flüstert: „Ich glaube, dass du deine Sache gut machen wirst."
Dabei streichelt sie Sera über den Rücken. Ganz langsam rauf und runter.
„Ich weiß, dass du ganz viel geübt hast. Und dass du das schaffen wirst."
Sera spürt, wie ihre Hände nach und nach wieder warm werden. Das Bauchweh ist schon beinahe verschwunden.
„Weißt du, ich hatte auch immer Lampenfieber, als ich als Kind mit meinem Chor in der Schule einen Auftritt hatte."
Sera hebt ihren Kopf und sieht Mama erstaunt an.
„Echt?", fragt sie.
„Natürlich. Aber jedes Mal war die Aufregung vergessen, als ich auf der Bühne stand. Und die Auftritte waren dann immer wunderschön."
Sera atmet erleichtert auf.
„Ich bin wieder gesund", meint sie.
In ihrem Bauch grummelt es nur noch ein kleines bisschen.
„Wollen wir losgehen?", fragt Mama.
Sera nickt. Sie hat noch etwas Herzklopfen. Aber ansonsten fühlt sie sich gesund und mutig. Und sie freut sich darauf, gleich die Gärtnerin beim Frühlingsfest zu spielen.

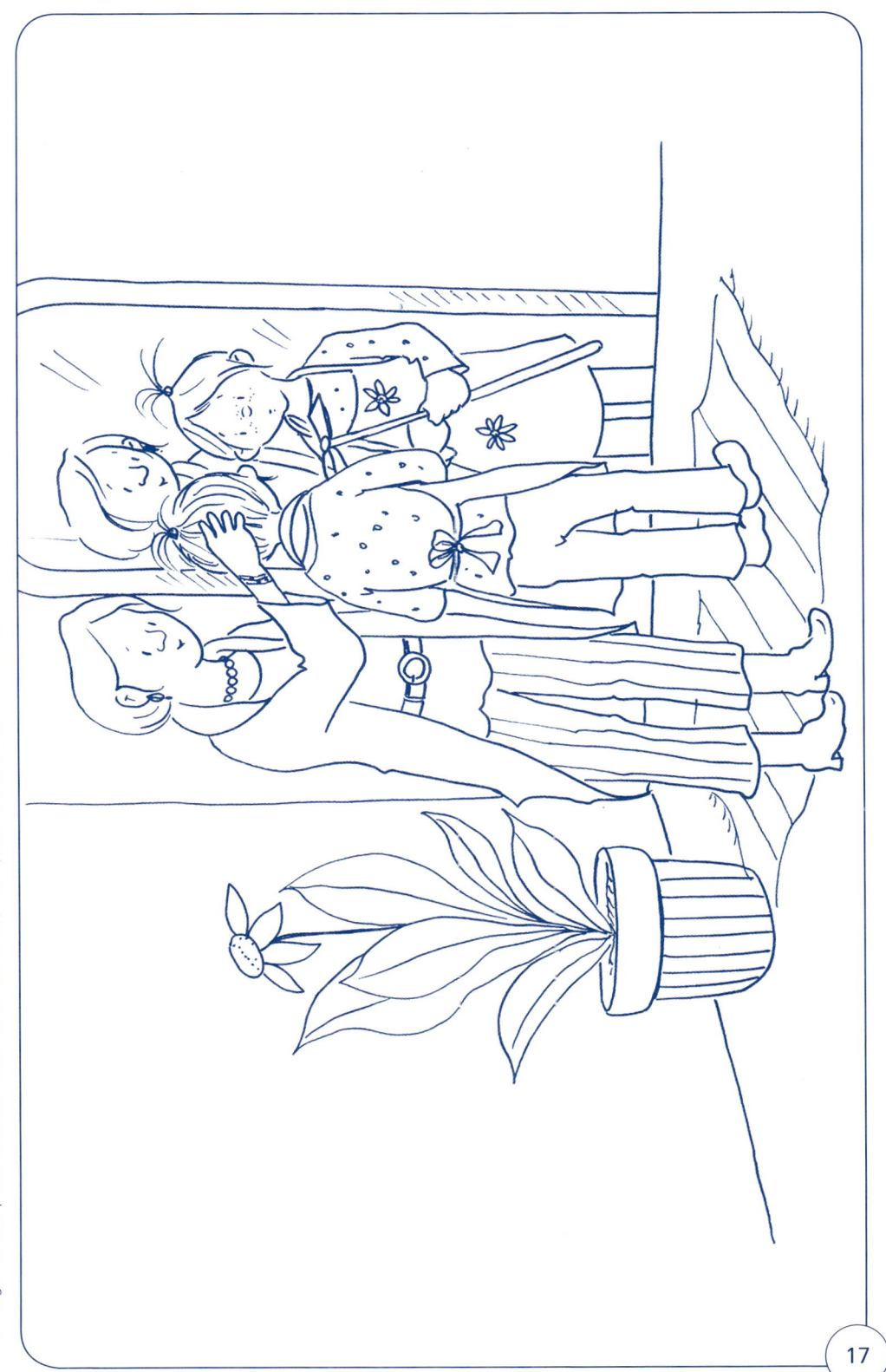

3

Zum Mitmachen, Ausprobieren und Staunen …

 SAG DOCH MAL …

Warum ist Sera aufgeregt? Wie nennt ihre Mama das?

 SAG DOCH MAL …

Hattest du schon einmal Lampenfieber? Was hat dir geholfen, damit es wieder wegging?

 DER MUTMACHER

Überlege dir einen Satz, der dir Mut macht, z. B. „Du schaffst das!“, „Ich weiß, dass du das kannst!“. Suche dir einen schönen, flachen Stein. Schreibe darauf diesen Satz oder bitte einen Erwachsenen, das für dich zu tun. Dazu nimmst du einen wasserfesten Stift. Du kannst auch noch ein Mut-Symbol auf den Stein malen, z. B. ein Herz oder ein Kleeblatt. Den Stein kannst du am Ende mit Klarlack besprühen, damit die Schrift und die Zeichnung länger haltbar sind. Jetzt hast du einen Mut-Stein, den du in die Tasche stecken kannst, wenn du aufgeregt bist.

Zilli sitzt im Kinderzimmer auf dem Boden. Vor ihr liegen weiße Flügel mit echten Federn. Morgen ist nämlich die Weihnachtsfeier in der Kita. Und da darf Zilli der Engel im Krippenspiel sein.

„Es ist ein Kind geboren!", übt Zilli mit fester Stimme ihren Text, den sie sprechen soll.

Zilli streichelt über die Engelsflügel und kratzt sich dann an der Backe. Nanu? Zilli fühlt, dass dort ein kleiner Knubbel ist. Sie springt auf und läuft zu Papa in die Küche.

„Schau mal", sagt sie und deutet auf den juckenden Punkt in ihrem Gesicht.

Papa beugt sich zu Zilli und sieht sich den Knubbel genauer an. „Oje", murmelt er, „das sieht nicht gut aus."

„Wieso?", will Zilli wissen und tritt von einem Bein auf das andere.

„Das könnten die Windpocken sein. Ich ruf gleich mal bei der Kinderärztin an."

Zwei Stunden später wissen Zilli und Papa bescheid: Zilli hat Windpocken! Sie hat jetzt nicht nur einen Punkt im Gesicht, sondern schon ganz viele. Und auf dem Bauch und am Rücken auch. Die Kinderärztin hat ihnen eine weiße Creme mitgegeben, die Papa auf alle Punkte tupfen soll. Während sich Papa auf die Suche nach den Punkten macht, fängt Zilli an, zu weinen.

„Juckt es so schrecklich?", fragt Papa besorgt.

„Nein. Doch. Aber ich will doch beim Krippenspiel mitmachen", schluchzt Zilli.

Papa nimmt sie in den Arm und versucht, sie zu trösten.

„Weißt du, Windpocken sind ansteckend. Darum kannst du morgen leider nicht in die Kita."

„Blöde Windpocken", schreit Zilli und stapft mit den Füßen auf.

„Ein bisschen sehen die Windpocken aus wie Wunschpunkte. Findest du nicht auch?", überlegt Papa.

Zilli stutzt. Wunschpunkte?

„Darf ich mir dann was wünschen?", fragt sie hoffnungsvoll.

„Probier's aus", lacht Papa. Dann tupft er wieder Creme auf jeden einzelnen Windpocken-Wunschpunkt.

„Ich will den Engel spielen", murmelt Zilli und glaubt ganz fest, dass ihr Wunsch in Erfüllung geht.

Nachmittags klingelt es an der Tür. Es ist Lena, Zillis Freundin aus der Kita. Sie hat ihren Hund Jojo dabei.

„Ich komme dich besuchen. Weil ich schon Windpocken hatte. Darum kann ich mich nicht mehr anstecken", sagt sie zur Begrüßung. Zilli freut sich sehr über den Besuch. Besonders über Jojo, der sie ganz freundlich ansieht und mit seinem Schwanz wedelt.

„Wir wollen mit dir das Krippenspiel spielen", sagt Lena.

„Das habe ich schon mit Jojo ausgemacht. Er spielt das Schaf und ich den Hirten."

Zilli strahlt. Sie will natürlich den Engel spielen. Dann hat das mit den Wunschpunkten irgendwie ja funktioniert.

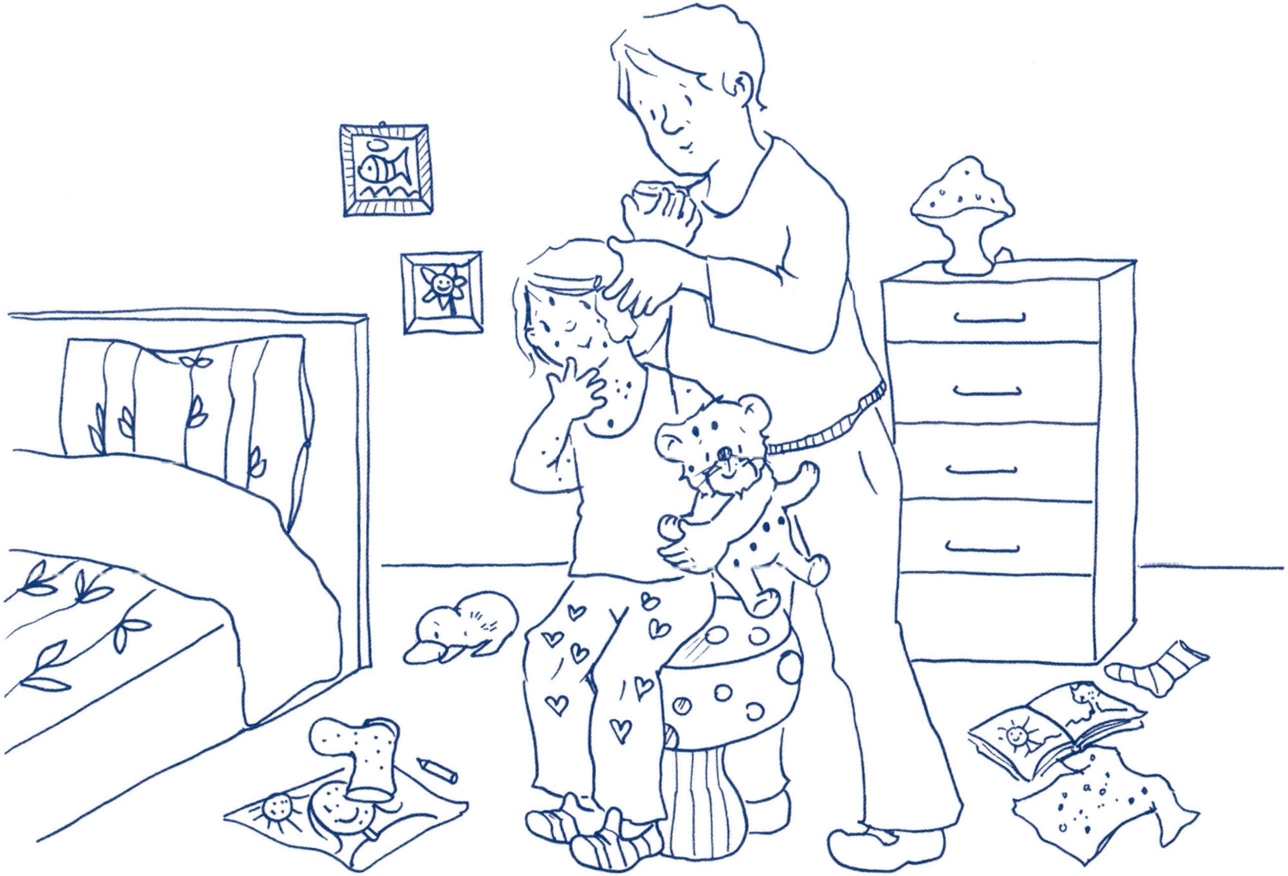

4

Zum Mitmachen, Ausprobieren und Staunen …

 SAG DOCH MAL …

Warum kann Zilli morgen nicht beim Krippenspiel in der Kita mitmachen?

 SAG DOCH MAL …

Wie fühlt sich Zilli, weil sie wegen der Windpocken nicht mitspielen kann? Woran kannst du das erkennen?

 DIE WUNSCHCOLLAGE

Stelle dir vor, du hättest auch Wunschpunkte. Was würdest du dir wünschen? Du kannst eine bunte Collage gestalten, auf der alle deine Wünsche Platz haben. Dazu brauchst du Stifte, eine Schere, Kleber, vielleicht etwas Glitter, Zeitschriften mit bunten Bildern und ein großes Blatt Papier. Schneide Bilder, die zu deinen Wünschen passen, aus und klebe sie auf das große Blatt. Oder male deine Ideen auf. Besonders magisch sehen deine Wunschbilder aus, wenn du sie am Ende mit Glitter verzierst.

Mia steht in der Puppenwohnung und winkt. Gerade ist Karla zur Tür hereingekommen. Die beiden haben gestern schon abgemacht, dass sie heute in der Kita Vater-Mutter-Kind spielen wollen.

„Hallo! Komm, wir fangen gleich an", ruft Mia. Karla hängt schnell noch ihre Tasche an den Taschenwagen und flitzt zu Mia.

„Willst du die Mutter sein?", fragt Mia, als ihre Freundin sich zu ihr stellt.

„Erst muss ich dir was erzählen. Ich habe gestern ein kleines Kätzchen bekommen. Das ist soo süß. Es hat ein schwarzes Fell. Und an den Pfoten ist sie weiß. Kommst du mich heute besuchen? Dann können wir mit der kleinen Mimi spielen", erzählt Karla und hat vor Begeisterung ganz rote Backen.

Mia schüttelt den Kopf. Traurig lässt sie ihre Schultern hängen.

„Das geht nicht", flüstert sie.

Karla schaut Mia verwundert an.

„Warum denn nicht?", will sie wissen.

„Ich habe eine Allergie gegen Katzenhaare", murmelt Mia.

„Eine Allergie? Und was passiert da?", fragt Karla neugierig.

Mia seufzt.

„Dann bekomme ich Asthma", erklärt sie.

„Ast – was?" Davon hat Karla noch nie gehört.

„Warte", meint Mia und flitzt zum Taschenwagen. Sie kramt aus ihrer Kita-Tasche ein kleines Plastikding und nimmt es mit in die Puppenwohnung zu Karla.

„Das ist meine Medizin. Wenn ich mit einer Katze im Zimmer bin, dann kann ich nur noch schwer atmen. Darum habe ich das Spray immer dabei. Die Medizin hilft mir, damit ich wieder richtig Luft bekomme."

Interessiert sieht sich Karla das Ding an, das Mia in der Hand hält.

„Sieht aus wie ein Rohr mit Rüssel", meint sie.

Mia nickt. „Und weil ich krank bin, kann ich deine Katze und dich leider nicht besuchen."

„Und wann bist du wieder gesund?", will Karla wissen.

Mia zuckt mit den Schultern. Karla schaut ihre Freundin erschrocken an.

„Dann bist du immer und ewig krank?"

„Naja, nur ein bisschen. Aber sonst bin ich gesund."

Karla überlegt. Dann schiebt sie den Ärmel ihres Pullis zurück.

„Ich hab mich gestern gestoßen. Jetzt habe ich einen blauen Fleck. Dann bin ich dort auch ein bisschen krank. Aber sonst bin ich gesund."

Mia grinst. „Ich glaube, jeder ist immer ein bisschen krank und ein bisschen gesund."

Karla nickt.

„Wollen wir vielleicht Freundinnen-Katze spielen?"

„Oh ja!", jubelt Mia. „Wenn wir nur so tun, als ob eine Katze hier wäre, bekomme ich bestimmt kein Asthma. Ich bring nur noch schnell meine Rüsselmedizin zurück."

Dann kichern beide los.

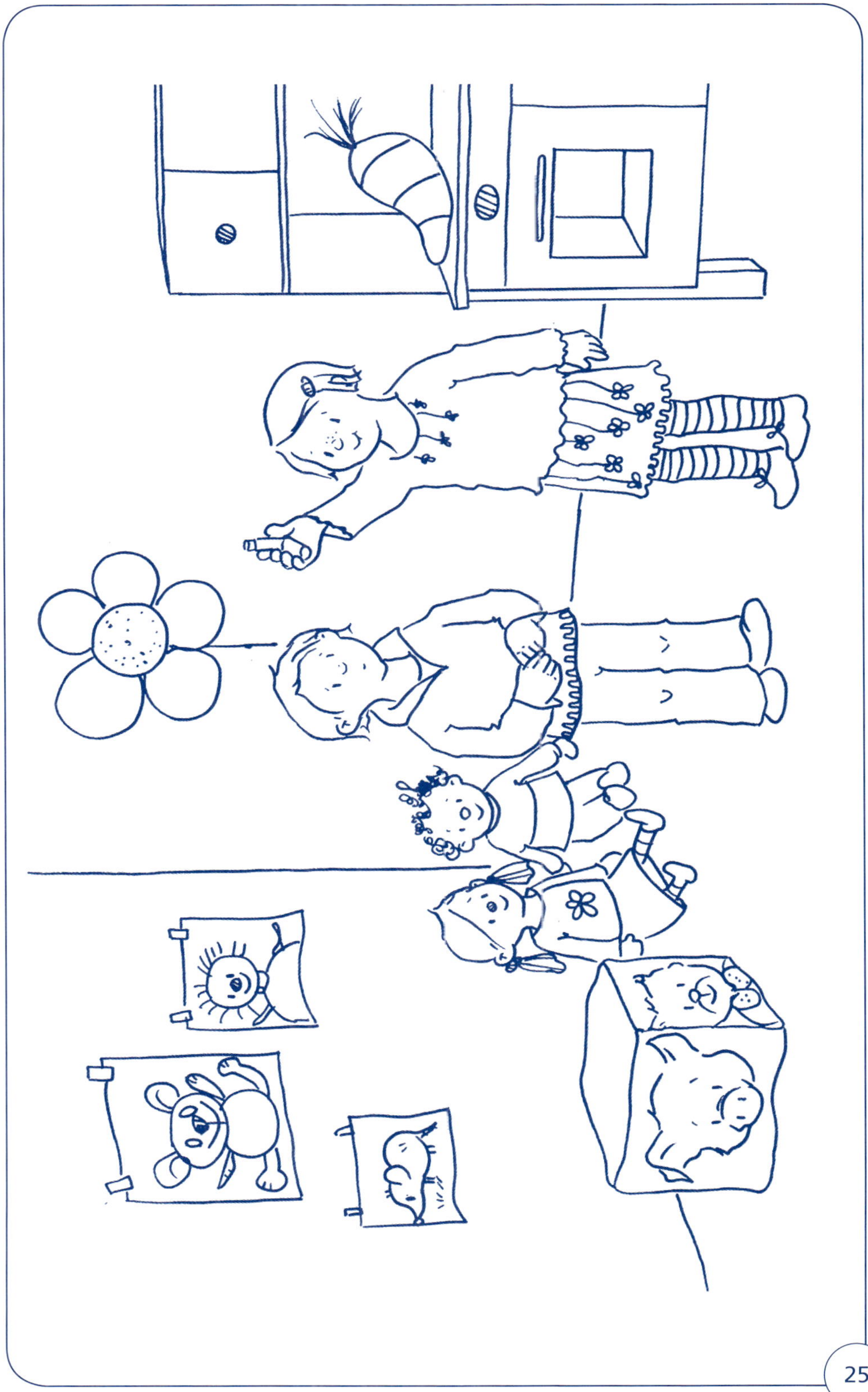

5

Zum Mitmachen, Ausprobieren und Staunen …

 SAG DOCH MAL …

Weißt du noch, welche Krankheit Mia hat? Was ist das?

 SAG DOCH MAL …

Mia und Karla denken, dass jeder immer ein bisschen gesund und ein bisschen krank ist. Was denkst du dazu?

 ARMER SCHWARZER KATER

Spiele mit deinen Freunden „Armer schwarzer Kater": Ein Kind wird ausgewählt. Es spielt den Kater. Alle anderen Kinder setzen sich in einen Kreis. Jetzt geht der Kater von einem Kind zum nächsten. Jedes Kind streicht dem Kater 3-mal über den Kopf und sagt: „Armer schwarzer Kater". Der Kater versucht durch Miauen und Grimassen, die anderen zum Lachen zu bringen. Wer beim Streicheln lachen muss, ist als Nächster der Kater.

Kennst du den Planeten Psipso? Dort wohnt Pso. Genauer gesagt wohnt er in dem dritten Psipso-Krater von rechts. Er ist ein
kleiner Außerirdischer mit grünen Haaren und einer gelben
Nase. Aber heute ist Psos Nase gar nicht gelb. Sie leuchtet
knallrosa. Pso muss schon den ganzen Tag niesen. Das klingt
nicht wie bei uns. Auf dem Planeten Psipso hört sich Niesen an
wie: „Wiowatschihu!"
Psos Nase kitzelt und kribbelt. „Wiowatschihu!", prustet er
schon wieder.
„Oje, du hast dir wohl einen Weltraum-Schnupfen geholt",
meint Psos Mama Ho. Sie reicht ihm ein lila Weltall-Taschen-
tuch mit leuchtenden Sternen drauf. Mit dem putzt sich Pso die
Nase.
„Ich hab nichts geholt", krächzt Pso.
„Das war von selber da! Und ich will, das es wieder weggeht."
Mama Ho kann Pso gut verstehen.
„Kranksein macht wirklich keinen Spaß. Aber ich weiß, was dir
helfen könnte, schnell wieder …"
Weiter kommt sie nicht, weil Pso schon wieder niesen muss.
„Wiowatschihu!"
Pso schnieft: „Was wolltest du sagen?"
„Ich weiß, was dich schnell wieder gesund macht. Komm mit."
Mama Ho nimmt Pso an der Hand und nimmt ihn mit zu ihrem
Krater, dem zweiten von links. Dort verschwindet sie schnell
und kommt kurz darauf mit einer Weltraum-Tasche voller
komischer Dinge wieder.
„Setz dich", sagt Mama Ho zu Pso, während sie in der Tasche
wühlt.
„Hier haben wir eine Tüte mit Mondstaub. Eine Prise davon
müsste reichen. Warte."

Mama Ho verschwindet noch einmal in ihrem Krater und kommt mit einem Becher voll Wasser zurück. Dort hinein gibt sie eine Prise von dem Mondstaub.

„Hier. Das musst du trinken. Das hilft bestimmt. Und dann machst du es dir in deinem Kraterbett gemütlich."

Mama Ho wühlt wieder in ihrer Tasche. Langsam trinkt Pso den Becher leer. Er merkt, dass er plötzlich sehr müde wird. Pso gähnt. Dann muss er wieder niesen. „Wiowatschihu!"

Mama Ho hat noch etwas gefunden. Sie hält Pso ein Kissen hin. Auf dem Bezug funkeln viele goldene Sterne.

„Darauf kannst du dich jetzt ausruhen und wieder richtig gesund werden. Komm, ich bring dich noch zu deinem Kraterbett und deck dich zu."

Pso nickt dankbar und trottet sechs Krater weiter. Schlapp und kraftlos lässt er sich in sein Kraterbett plumpsen. Mama Ho stopft ihm noch das Sternenkissen unter den Kopf und gibt ihm einen Kuss auf die Stirn.

„Wiowatschihu!", macht Pso. Dann dreht er sich um. Im Nu ist er eingeschlafen.

Und ob ihrs glaubt oder nicht: Pso hat mindestens 20 Stunden am Stück geschlafen. Und als er wieder aufgewacht ist – war der Weltraum-Schnupfen wie weggeblasen!

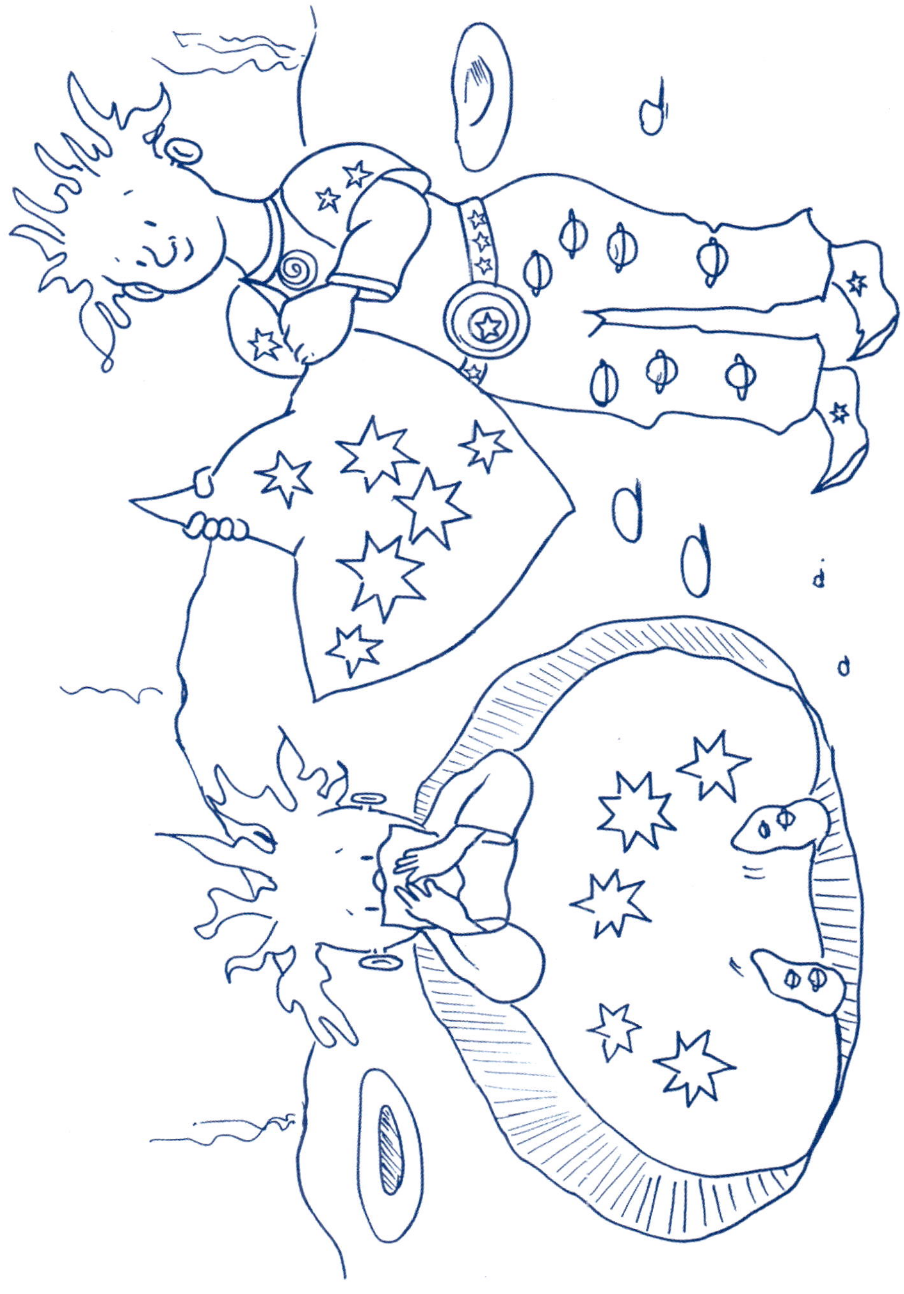

6

Zum Mitmachen, Ausprobieren und Staunen …

 SAG DOCH MAL …

Was ist mit Pso los? Welche Idee hat seine Mama Ho, was ihm helfen könnte, gesund zu werden?

 DIE WELTRAUMMENSCHEN

Wie stellst du dir Pso und seine Mama Ho vor? Male ein Bild von den beiden.

 DAS STERNENKISSEN

Mache dir auch ein Sternenkissen. Dazu brauchst du einen weißen Kissenbezug, ein passendes Kissen und Stofffarben. Den Kissenbezug kannst du mit Sternen, Punkten oder Sternschnuppen bemalen. Wenn du magst, kannst du den Hintergrund noch himmelblau ausmalen. Wenn die Farben trocken sind, muss er gebügelt werden, um die Farben zu fixieren. Bitte einen Erwachsenen, dir dabei zu helfen. Den fertigen Bezug ziehst du über das Kissen. Schon ist dein Sternenkissen fertig.

Marco kommt mit seiner Mama aus der Kinderarztpraxis. „Was hab ich noch mal?", fragt Marco.

„Du hast eine starke Mittelohrentzündung", erklärt Mama. „Kein Wunder, dass du so Ohrenschmerzen hast. Aber keine Sorge. Der Arzt hat dir eine Medizin aufgeschrieben."

„Wie aufgeschrieben?", fragt Marco. „Hier, schau." Mama winkt mit einem Stück Papier. „Diesen Zettel nennt man Rezept. Den können wir jetzt in der Apotheke gegen deine Medizin eintauschen."

Auja. Das findet Marco spannend. Interessiert beobachtete er kurz darauf, wie Mama in der Apotheke das Rezept über den hohen Tisch reicht. Eine Frau im weißen Kittel nimmt es und geht damit zu einem Regal voller Schachteln und Flaschen.

„Das ist die Apothekerin", sagt Mama zu Marco. Die Apothekerin holt etwas heraus und gibt es Marcos Mama zurück über den Tisch. „Ist das meine Medizin?" Marco hüpft hoch und versucht, die Schachtel zu schnappen. „Ja", lacht die Frau im weißen Kittel. „Die darfst du aber erst zu Hause nehmen."

Zu Hause will Marco sofort die Medizin nehmen. Aber er muss sich noch bis zum Essen gedulden, denn auf der Packung steht, dass man die Medizin nach dem Essen einnehmen soll. Marco kann kaum stillsitzen und stopft sein Essen ganz schnell in großen Happen in sich hinein.

„Jepft geht's los!", ruft er.

Mama lacht. „Naja. Vielleicht machst du noch den Mund leer?" Sie gießt etwas Medizin aus der dunkler Flasche in einen kleinen durchsichtigen Becher. Die Medizin ist knallrot. Marco ist entsetzt. „Was? Das ist die Medizin? Das trinke ich nicht! Ich will keine Medizin! Nicht die da!" Er verschränkt die Arme vor der Brust.

„Marco!" Mamas Stimme klingt ernst. „Du musst diese Medizin nehmen. Sonst wirst du nicht gesund!"

„Ist mir egal", sagt Marco trotzig. „Ich trinke keinen ekligen Saft!"

Da lächelt Marcos Mama plötzlich.

„Sag mal, Marco", sagt sie, „du willst doch immer, dass ich mit dir Ritter spiele." Marco nickt.

„Wenn ich jetzt gleich mit dir mitspiele, würde der Ritter Marco es dann schaffen, eine Mutprobe für mich zu bestehen?"

„Ja klar." Marco springt auf. „Der Ritter Marco besteht jede Mutprobe, ist doch logisch!"

„Die Mutprobe ist aber gruselig", flüstert Mama. „Du musst Drachenblut trinken!"

„Kein Problem. Her damit!", ruft Marco mutig.

Da schiebt ihm Mama den Becher mit der Medizin über den Tisch. Marco zögert kurz. Aber dann murmelt er „Na gut" und kippt den roten Saft mit einem Mal hinunter. Er schluckt und verzieht das Gesicht zu einer Grimasse. „Geschafft. Jetzt aber Ritter spielen!", sagt er und zieht Mama an der Hand ins Kinderzimmer.

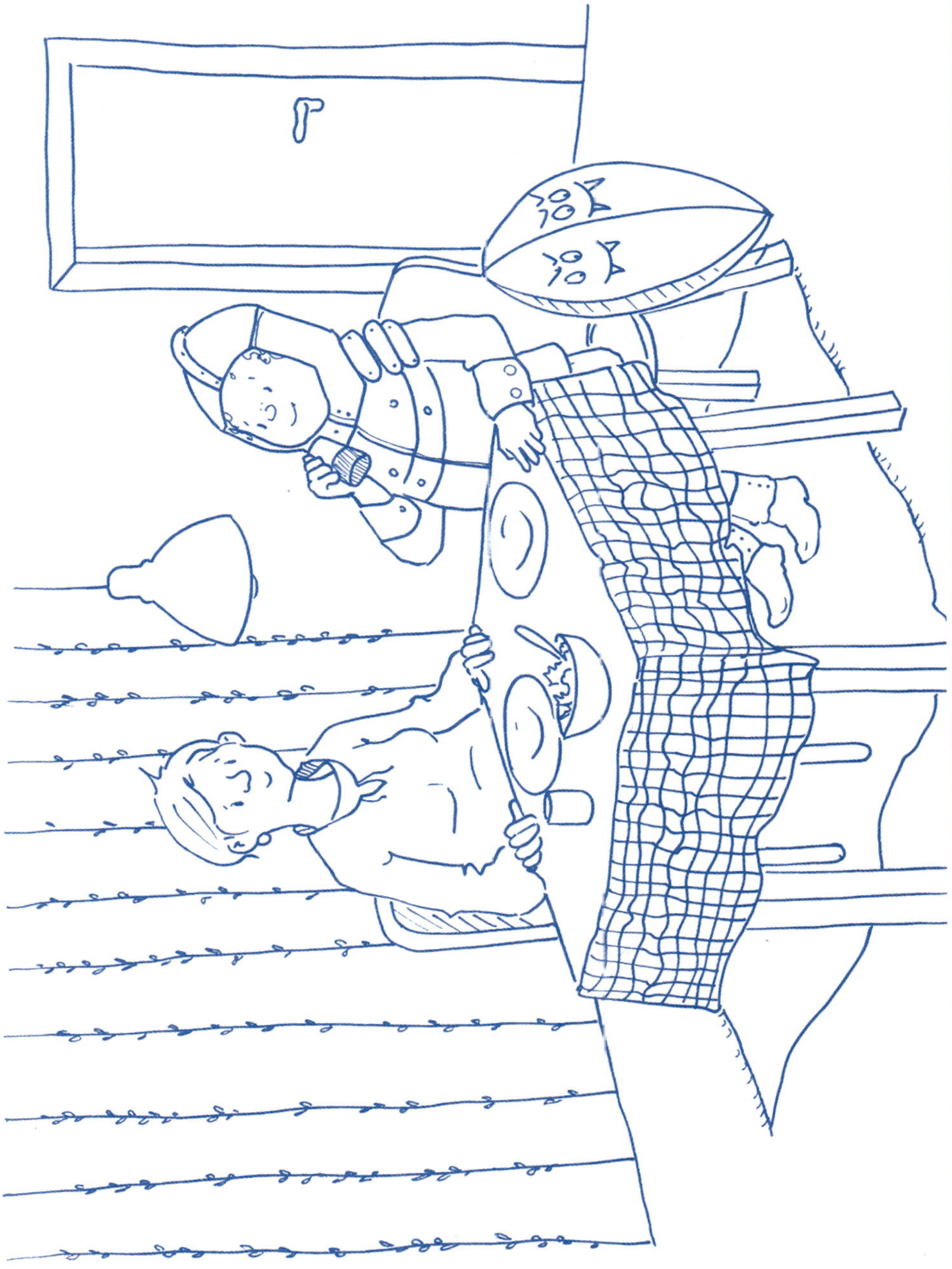

7 Zum Mitmachen, Ausprobieren und Staunen …

 SAG DOCH MAL …

Marco ist krank. Weißt du noch, wie seine Krankheit heißt? Hattest du das auch schon einmal?

 SAG DOCH MAL …

Denkst du, dass Marco wirklich gedacht hat, dass in dem Becher Drachenblut statt der Medizin ist? Warum hat er am Ende wohl den Saft getrunken?

 DAS GRIMASSENSPIEL

Spiele mit einem Freund das „Grimassenspiel": Dazu steht ihr euch gegenüber und du machst eine Grimasse. Dein Freund muss nun versuchen, genau die gleiche Grimasse auch zu machen. Hat er es geschafft, werden die Rollen getauscht.

„Warum bist du denn heute so still?", fragt Jules Mama beim Mittagessen. Sie wundert sich. Es gibt schließlich Jules Lieblingsessen: Spaghetti Bolognese. Das macht Jule sonst immer fröhlich. Jule gibt keine Antwort. Sie hat den Kopf auf den Arm gestützt. Ihr fallen fast die Augen zu und gegessen hat sie kaum etwas.

„Bin nur müde", murmelt sie schlapp. Da streckt Mama die Hand über den Tisch und fühlt Jules Stirn.

„Hmm", sagt sie dann. „Ich glaube, du bist krank, Jule. Deine Stirn ist ganz warm. Du hast wahrscheinlich Fieber." Aber da ist Jule plötzlich wieder hellwach.

„Fieber? Quatsch. Ich bin nicht krank. Ich geh jetzt mit Miri zum Rollschuhlaufen. Das haben wir in der Kita schon ausgemacht."

„Aber sicher nicht, wenn du krank bist." Jules Mama sieht Jule ernst an. „Ich sehe doch, dass es dir nicht gut geht."

Jule springt von ihrem Stuhl auf. „Nein! Mir geht's prima. Schau mal. Ich kann auf einem Bein hüpfen …"

Jule hüpft auf einem Bein.

„Ich kann in die Luft springen …"

Jule springt 3-mal in die Luft.

„Und ich kann ein Rad schlagen!"

Jule schlägt ein kleines, etwas schief geratenes, Rad. Mama schaut Jule mit gerunzelter Stirn an.

Dann seufzt sie: „Na gut. Aber tobt nicht so wild, versprochen?"

„Ja, ja. Alles klar", ruft Jule und läuft nach draußen. Sie schnappt ihre Rollschuhe im Hausflur und stürmt zur Tür hinaus. Vor dem Haus fährt Miri bereits mit ihren Rollschuhen im Kreis und wartet. Jule setzt sich auf die unterste Treppenstufe

des Hauses und zieht die Rollschuhe an. Dann halten sich die beiden Mädchen an der Hand und flitzen die Straße hinunter. Jules Mama räumt den Tisch ab und sortiert das Geschirr in die Spülmaschine ein. Dann will sie sich ein wenig hinlegen. Aber da klingelt es an der Tür. Als sie öffnet, steht Jule mit glasigen Augen und hochrotem Kopf davor.

„Jule!", ruft Mama entsetzt. „Du glühst ja. Dein Kopf ist ganz rot."

„Ja", schluchzt Jule. „Ich bin doch krank, Mama."

Eine Träne kullert über Jules Wange. Mama nimmt Jule in den Arm und trägt sie in ihr Zimmer.

Als Jule im Bett liegt, muss sie erst richtig weinen, weil sie sich so schlecht fühlt. Plötzlich tut ihr alles weh: der Bauch, der Kopf und der Rücken.

Mama legt Jule ihr Kuscheltier in den Arm, streichelt ihr über den Kopf und sagt mit leiser Stimme: „Jetzt machst du erst einmal die Augen zu und schläfst. Wenn du wieder aufwachst, geht es dir vielleicht schon ein bisschen besser."

Dann summt Mama ganz leise ein Schlaflied, das Jule noch von früher kennt, weil Mama es ihr immer vorgesungen hat, als sie noch klein war. Sie hört ganz kurz zu und ist dann aber schon eingeschlafen.

8

Zum Mitmachen, Ausprobieren und Staunen …

 SAG DOCH MAL …

Jule will nicht krank sein. Weißt du, was das Gegenteil von „krank sein" ist?

 DIE TURNÜBUNGEN

Weißt du noch, was Jule ihrer Mama vorgemacht hat, um zu zeigen, dass sie nicht krank ist? Mache Jules Turnübungen nach! Fordere andere Kinder oder Erwachsende auf, deine Bewegungen nachzumachen. Wer ist am beweglichsten?

 DAS EINSCHLAFLIED

Kennst du auch ein Schlaflied? Kannst du die Melodie summen?

Heute ist Zoes Geburtstag.
Zoe ist überglücklich. Endlich ist sie fünf Jahre alt.
Ihre Oma ist gekommen. Sie hat Zoe einen Geburtstagskuchen und das schönste Geschenk überhaupt mitgebracht: einen wunderschönen, rosafarbenen Rock mit Rüschen rundherum.
Zoe probiert den Rock sofort an und bewundert sich dann damit im Spiegel. Er sieht toll an ihr aus, findet sie, und wendet sich hin und her. Dann dreht sie sich ein paar Mal um sich selbst. Dabei schwingt der Rock in großen Wellen um ihre Beine.
Zoe liebt diesen Rock und will ihn unbedingt gleich anbehalten.
Aber ihre Mutter ist anderer Meinung. „Nein", sagt sie.
„Es ist noch nicht warm genug, Zoe. Sei vernünftig und zieh deine Jeans wieder an. Du kannst ihn tragen, wenn es wärmer ist."
Aber Zoe will nicht vernünftig sein. Sie fängt auf der Stelle an, zu weinen und mit den Füßen zu stampfen.
Das macht sie so lange, bis Oma zu Mama flüstert: „Jetzt lass sie doch. Nur heute am Geburtstag. Sie mag den Rock doch so gerne."
Zoe hört auf, zu weinen, denn sie darf den Rock nun doch anbehalten. Sie trägt ihn den ganzen Geburtstag lang und begleitet Oma noch mit dem Rock bis zur Bushaltestelle.
Am Abend, als Zoe dann im Bett liegt, spürt sie schon ein kleines Kratzen im Hals und als Zoe am nächsten Morgen aufwacht, tut der ganze Hals beim Schlucken weh.
„Heute wirst du dich aber vernünftig anziehen", sagt Mama, als sie Zoe morgens aufweckt, und wirft einen Blick aus dem Fenster auf die regennasse Straße vor dem Haus.

9

„Ich will aber den Rock meinen Freundinnen im Kindergarten zeigen", jammert Zoe.

„Aber Zoe", erklärt Mama beim Frühstück. „Du spürst doch jetzt selbst, dass es nicht richtig war, den Rock gestern anzulassen. Du hast dich erkältet!"

Zoe sagt nichts mehr. Sie weiß ja, dass Mama Recht hat.

Aber weil Zoe nun so traurig aussieht, lässt sich Mama etwas einfallen.

„Hmm", sagt sie. „Was würdest du denn von einem Hosenrock halten?"

Zoe schaut auf. „Ein Hosenrock? Was ist das denn?"

„Na, das ist eine Hose und ein Rock zugleich", erklärt Mama. „Das hat es früher gegeben, als ich ein Kind war. Pass mal auf!"

Sie geht in Zoes Zimmer und kommt mit dem Rock und einer von Zoes dicken Leggins wieder zurück.

„Du ziehst zuerst die Leggins an und dann den Rock darüber."

Zoe überlegt. Dann will sie es mal probieren mit dem Hosenrock. Als sie fertig angezogen vor dem Spiegel steht, gefällt ihr, was sie sieht.

„Okay!" sagt sie.

„Das geht."

Sie setzt sich wieder an den Tisch. Mama kommt mit einer Tasse in der Hand aus der Küche.

„Na gut. Dann bin ich auch einverstanden. Aber eine Bedingung hab ich noch".

Mama schiebt die dampfende Tasse zu Zoe hinüber. Die schnuppert hinein.

„Heiße Zitrone?", fragt sie.

Mama nickt.

„Lecker", sagt Zoe. „Gut, dass ich Halsweh habe!"

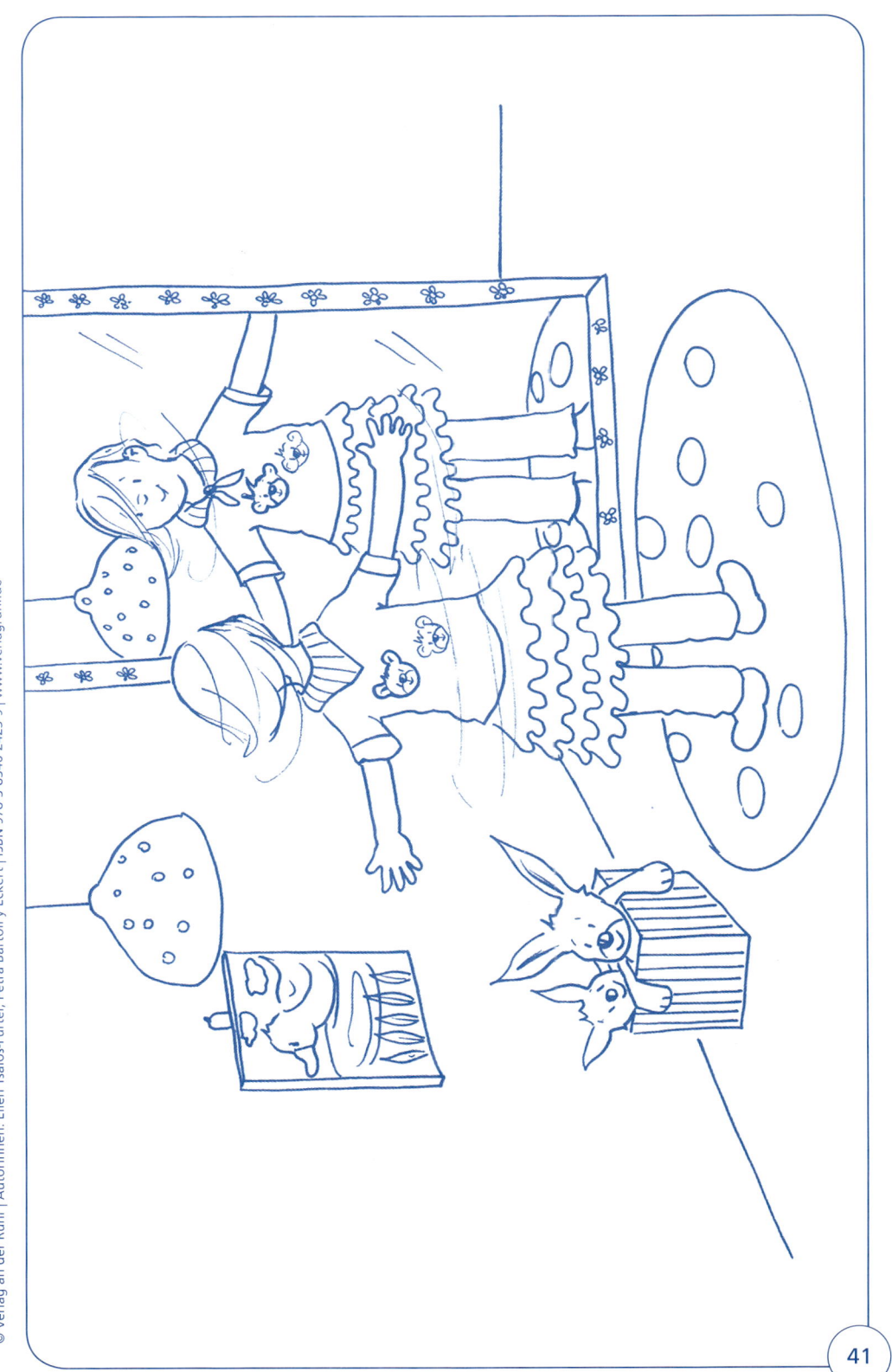

9

Zum Mitmachen, Ausprobieren und Staunen …

 SAG DOCH MAL …

Es gibt noch andere Kleidungsstücke, die aus zwei Wörtern bestehen. Was versteckt sich z. B. in den Wörtern: Wintermantel, Handschuhe, Badeanzug, Halstuch, Jeanshose oder Regenjacke?

 SAG DOCH MAL …

Die Kleidung, die wir tragen, verändert sich mit der Mode. Deine Eltern haben früher ganz andere Sachen getragen als du. Frage deine Mutter oder deinen Vater einmal danach, was sie als Kind getragen haben, oder schaue dir dazu ein Foto von deinen Eltern, als sie klein waren, an.

 ZITRONENPOWER

Eine heiße Zitrone schmeckt sehr lecker und ist gesund, auch wenn du nicht krank bist. Du kannst sie ganz einfach mithilfe eines Erwachsenen selber machen. Gib dazu den Saft einer halben Zitrone und etwas Zucker in ein Glas mit kaltem oder heißem Wasser und rühre gut um. Fertig ist dein „Power-Drink".

Marvin hat den ganzen Nachmittag bei seinem Freund Markus gespielt.

Als Mama ihn abgeholt hat, wollte er noch gar nicht gerne nach Hause fahren.

Aber jetzt ist Marvin froh, zu Hause zu sein.

Er hat nämlich ganz plötzlich große Bauschmerzen bekommen.

Seine Mama macht ihm gerade einen Tee, als Marvin sagt:

„Du-hu, Mama. Kann das sein, dass mein Bauchweh von den schwarzen Beeren kommt, die ich gegessen habe?"

Gleich darauf versteht Marvin gar nichts mehr.

Seine Mama ist ganz aufgeregt und telefoniert mit Markus Mama. Dann muss sich Marvin ins Auto setzen und sie fahren ins Krankenhaus.

Dort will eine Ärztin Marvins Geschichte von den schwarzen Beeren noch einmal ganz genau hören.

Als er fertig erzählt hat, sagt sie: „Da wir nicht wissen, von welchen Beeren du genascht hast und ob diese vielleicht giftig waren, behalten wir dich, obwohl es dir schon besser geht, lieber eine Nacht zur Beobachtung hier!"

Was? Marvin ist entsetzt. Beobachtung? Was soll das denn heißen? Beobachtet die Frau Doktor ihn dann die ganze Nacht?

„Nein, nein", beruhigt Mama ihn kurz darauf auf dem Weg in das Krankenzimmer.

„Das bedeutet, dass wir beide eine Nacht hier schlafen müssen, damit die Ärztin gleich da ist, wenn dein Bauchweh schlimmer wird."

„Aber das will ich nicht!"

Marvin sieht sich ängstlich um und schnuppert in die Luft.

Dann flüstert er: „Mama, ich kann hier nicht schlafen. Kranken-haus stinkt und hier sehen alle Leute so komisch aus. So krank!"

Mama lacht. „Natürlich. Sie sind ja auch krank. Du bist schließ-lich in einem Krankenhaus. Außerdem bist du auch krank, mein Schatz. Hopp, hier herein." Sie hält ihm die Tür zum Zimmer Nummer 8 auf der Kinderstation auf.

Mit Tränen in den Augen zieht Marvin die Hose aus und legt sich in das weiße Bett im Krankenzimmer.

Da geht plötzlich die Tür auf und eine Krankenschwester kommt herein.

Auf dem Arm trägt sie ein Tablett.

„So", ruft sie vergnügt. „Der junge Mann bekommt noch etwas zum Abendessen, wenn die Bauchschmerzen das zu-lassen."

Als Marvin das Tablett voller Essen sieht, sind seine Bauch-schmerzen fast schon ganz weg.

Mama macht es sich im Sessel neben dem Bett bequem. Dann drückt sie einen Knopf auf einer Fernbedienung.

Marvin traut seinen Augen nicht. Dem Bett gegenüber hängt ein großer Fernseher an der Wand und es läuft Marvins Lieb-lingssendung. Die, die er jeden Abend schaut. Jetzt fühlt sich Marvin auf einmal gar nicht mehr schlecht.

Er setzt sich im Bett zurecht, nimmt sich ein Stück Brot mit Frischkäse und kaut genüsslich darauf herum, während er die Kindersendung anschaut.

„Na? Ich dachte Krankenhaus ist voll doof", sagt Mama.

„Jetzt nicht mehr!", sagt Marvin und grinst.

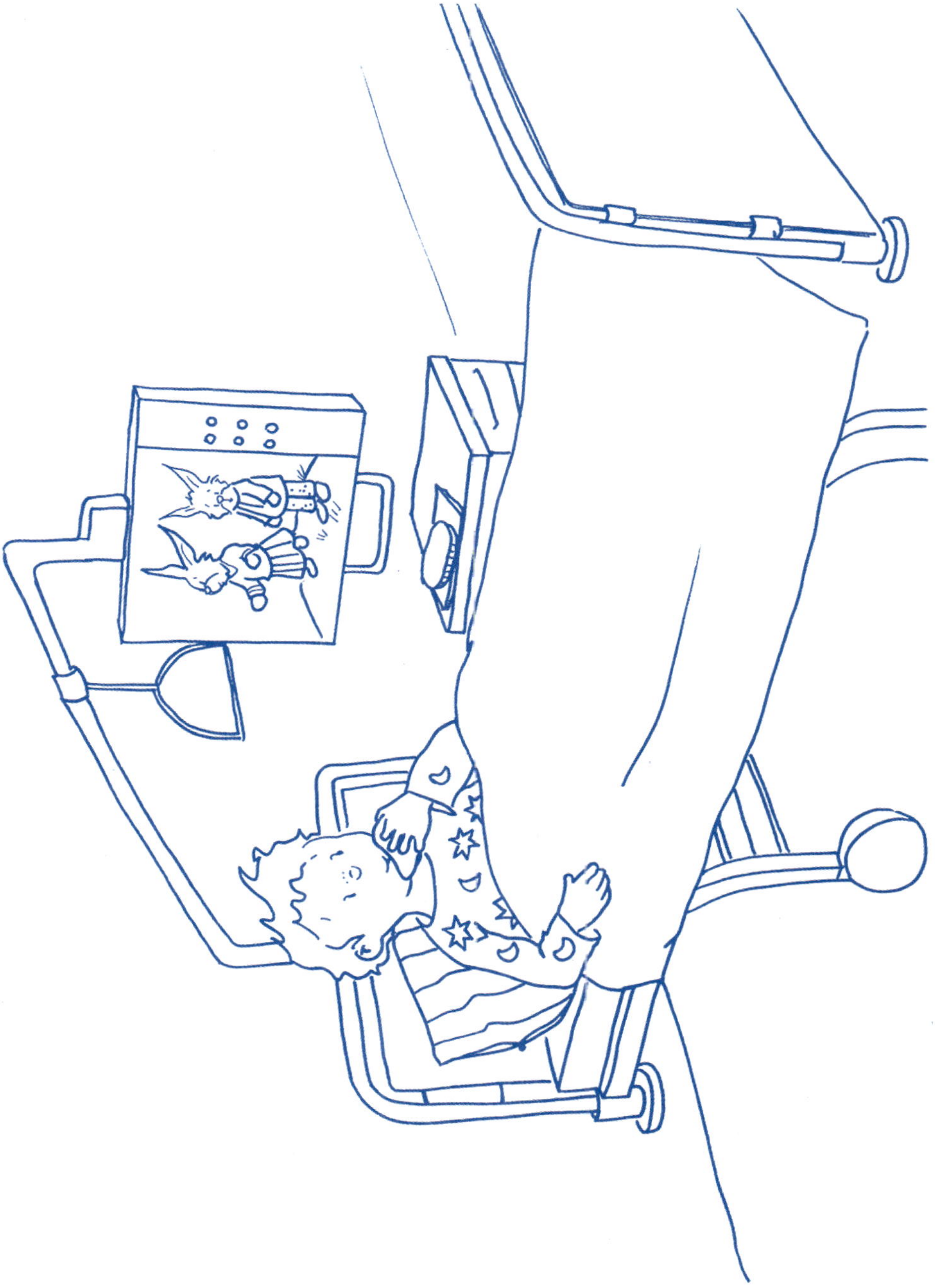

10   Zum Mitmachen, Ausprobieren und Staunen …

 SAG DOCH MAL …

Weißt du, warum Marvins Mama auf einmal so aufgeregt war, als er von den schwarzen Beeren erzählt hat. Warum hat sie Markus Mama angerufen?

 SAG DOCH MAL …

Kennst du Tiere, die Beeren fressen? Wie heißen diese Tiere?

 BEERENSMOOTHIE

Aus essbaren Beeren, wie Himbeeren, Erdbeeren und Heidelbeeren, kannst du dir einen gesunden Smoothie machen. Mixe dazu eine Tasse Beeren nach Wahl mit einer kleinen Banane. Gib etwas Zitronensaft und ein Glas Mineralwasser dazu.

Luisa tut überhaupt gar nichts lieber, als im Garten an ihrer Turnstange zu turnen. Sie macht dort Überschläge, hängt sich in den Kniekehlen ein und hängt dann kopfüber wie ein Affe. Oder sie versucht, auf der Stange zu balancieren.

Dafür muss Luisa aber noch üben. Denn das freie Balancieren auf der Stange ist schwer. Immer wieder rutscht sie dabei ab oder muss im letzten Moment noch von der Stange auf den Rasen abspringen.

Heute übt Luisa wieder einmal balancieren.

Sie stellt sich leicht wackelnd auf der Stange auf und macht zwei schnelle, kleine Schritte nach vorn. Noch steht sie, aber sie muss schon die Arme ausstrecken, um die Balance zu halten – da passiert es. Der Fuß rutscht von der Stange ab. Luisa ist zu überrascht, um noch abzuspringen, und fällt. Sie bleibt einen Moment ganz ruhig liegen und ringt nach Luft. Dann spürt sie auf einmal ein Stechen im Arm. Das Stechen tut so weh, wie Luisa noch nie etwas wehgetan hat. Sie ruft: „Mama, Mama …"

Als Mama kommt, geht alles ganz schnell, denn sie sieht sofort: Luisa hat sich den Arm gebrochen und muss ins Krankenhaus. Auf der Fahrt erklärt Mama ihr, dass sie dort einen Gips an den Arm bekommen wird.

Au weia! Ein Gipsarm? Das hört sich schlimm an. Das will Luisa nicht.

Sie fühlt sich elend und beginnt zu weinen. Aber da sind sie schon am Krankenhaus angekommen.

Zuerst muss Luisas Arm geröntgt werden. Das ist so ähnlich, wie wenn man ein Foto von ihrem gebrochenen Knochen machen würde, erklärt die Schwester.

„Ein Foto ist in Ordnung", findet Luisa.

Das Röntgen tut auch gar nicht weh. Aber danach kommt ein Arzt und sagt, dass er ihr jetzt den Gips machen wird.

„Nein", schreit da Luisa und klammert sich an Mama.

„Aber warum denn nicht?", fragt der Arzt.

Luisa sagt nichts und schüttelt nur wie wild den Kopf.

„Das wird dir gefallen", redet der Arzt weiter. „Denn wenn du einen Gips hast, bekommst du noch was ganz Tolles darauf."

Dabei macht er ein sehr geheimnisvolles Gesicht.

„Echt?", fragt Luisa. „Was denn?"

„Ein Tattoo", erklärt der Arzt. „Und zwar das tollste Tattoo der Welt. Von mir selbst gemacht – cool, oder?"

Luisa nickt. Ein Tattoo will sie natürlich haben. Also hält sie still, während der Arzt die Gipsbinden aufträgt und ihren Arm nach und nach eingipst. Als er fertig ist, macht er ein ernstes Gesicht.

„Und jetzt, meine Damen und Herren, kommt das Tattoo", sagt er. „Dazu muss ich mich konzentrieren".

Er spricht mit verstellter Stimme wie ein Zirkusdirektor.

Da muss Luisa lachen.

Und als sie sieht, was der Arzt auf ihren Gips gemalt hat, lacht sie noch mehr.

Es ist ein kleines Kritzi-Kratzi-Männchen.

„Das bin ich", sagt er zwinkernd. „Damit du mich nicht vergisst!"

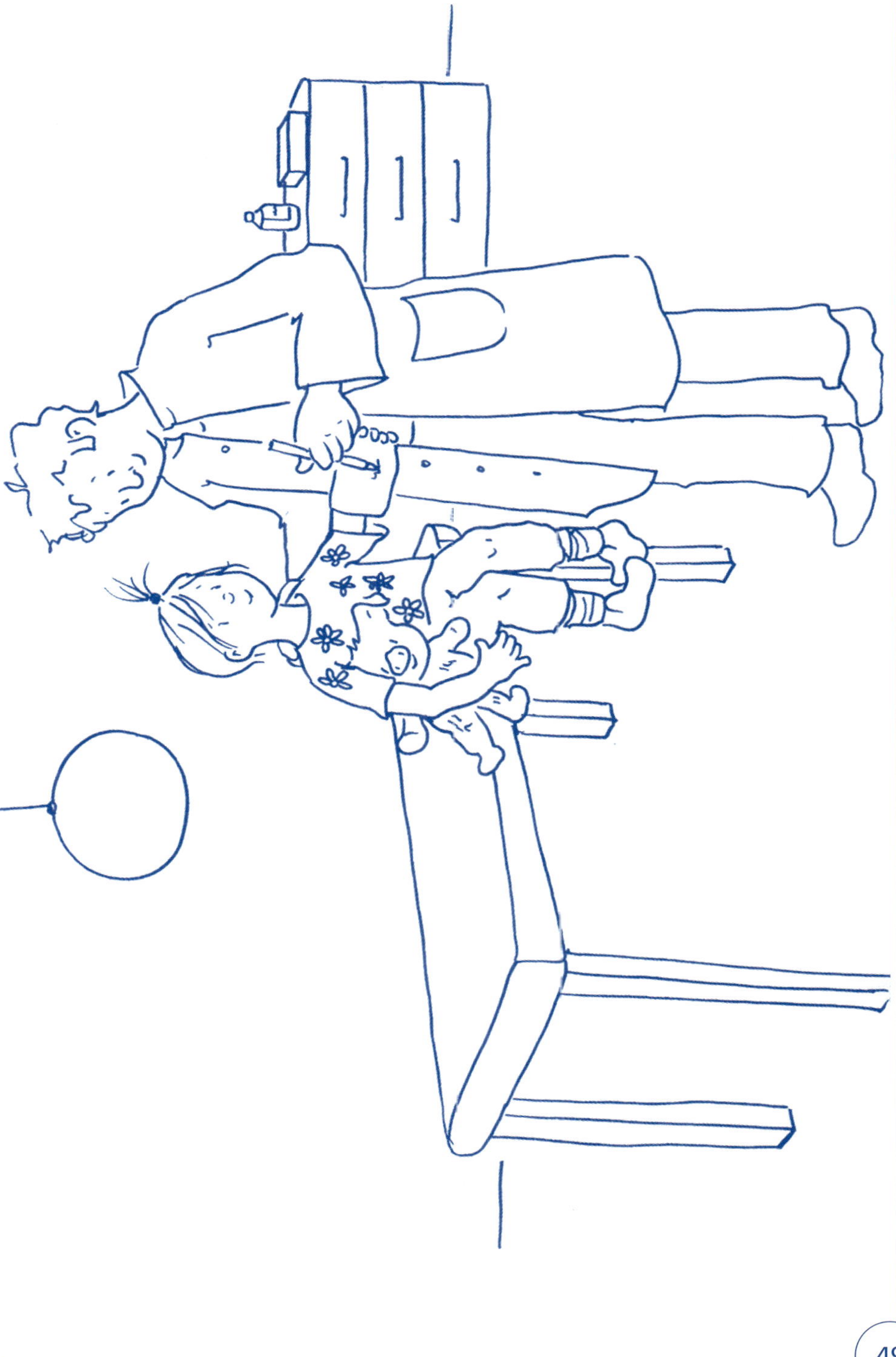

11

Zum Mitmachen, Ausprobieren und Staunen …

 SAG DOCH MAL …

Ist dir auch schon einmal beim Spielen oder Turnen so ein Unfall passiert?

 DAS HANDTUCHSPIEL

Wickele ein großes Badehandtuch zu einer dicken Rolle auf. Versuche dann, darauf zu balancieren oder mit beiden Beinen geschlossen und mit jeweils einem Bein darüberzuhüpfen.

 DAS ROLLENSPIEL

Sprich auch einmal mit verstellter Stimme! Versuche, nachzumachen: eine Opernsängerin, einen Zirkusdirektor, ein Baby, eine Prinzessin und einen Räuber.

Lukas ist so stolz. Er war heute mit seinen Eltern beim Augen-
arzt. Der Arzt hat nach der Untersuchung gesagt, dass Lukas ab
sofort eine Brille tragen muss. Da ist Lukas Papa mit ihm in ein
Geschäft gegangen, in dem es nur Brillen zu kaufen gibt.
„Ich will zu dem Mann da", flüstert Lukas seinem Papa zu, als
sie im Geschäft stehen. Er zeigt auf einen Mann mit Glatze, der
eine knallrote Brille trägt. Die gefällt Lukas.
„Das ist der Optiker", sagt Papa und geht auf den Mann zu.
Der Optiker begrüßt beide freundlich und Lukas darf auch
gleich verschiedene Brillen aufprobieren. Dabei kann er sich
immer im Spiegel anschauen.
Als der Optiker ihm eine rote Kinderbrille gibt, weiß Lukas
sofort: Die will er!
Papa gefällt die Brille auch sehr gut. Also wird sie gekauft.
Am nächsten Tag geht Lukas ganz stolz mit seiner neuen Brille
in die Kita. In der Garderobe sagt die kleine Pia: „Oh schön!
Eine rote Brille!". Das freut Lukas. Aber als er in die Gruppe
kommt, schauen ihn seine Vorschulfreunde nur komisch an.
Und als er sich zu ihnen in die Bauecke setzt, tuscheln sie mit-
einander.
Lukas kann kaum etwas verstehen, aber „… blöde Brille …"
und „… sieht doch krank aus …" kann er deutlich hören.
Da ist Lukas auf einmal so traurig und enttäuscht, dass dicke
Tränen auf seine Brillengläser tropfen.
Steffi, die Erzieherin, setzt sich zu ihm.
„Soll ich mal mit ihnen sprechen?", fragt sie.
Lukas nickt.
„Ich lade euch alle ein, mal mit mir in die Plauderecke zu kom-
men", sagt Steffi laut und sieht dabei Lukas und seine Freunde
an.

12

In der Plauderecke werden in der Kita immer wichtige Dinge besprochen.

Und als alle Kinder sitzen, fängt Marius, Lukas bester Freund, auch gleich zu sprechen an: „Wir haben doch nicht gewusst, dass er eine Brille kriegt."

„Ja", meint Steffi, „das haben wir alle nicht gewusst. Aber das macht doch nichts, oder? Warst du vielleicht erschrocken, als du Lukas gesehen hast?"

„Ich schon", ruft Paul und Marius nickt.

Dann streckt er auf einmal Lukas seine Hand entgegen.

„Okay. Entschuldigung. Ich … ich wollte … ich hab … ich weiß nicht, was ich sagen soll!"

„Du hast gesagt, meine Brille wäre krank", platzt Lukas beleidigt heraus.

„Quatsch. Eine Brille haben ist nicht krank. Mein Papa hat auch eine, weißt du?"

„Ach so", sagt Lukas, weil er jetzt auch nicht mehr weiß, was er sagen soll. Und froh ist er außerdem auch, dass Marius sich entschuldigt hat. Und dass er erzählt hat, dass sein Papa auch eine Brille hat.

„Wollt ihr es so lassen oder möchte noch jemand was sagen?", fragt Steffi in die Runde.

Da greift Olli nach Lukas Hand und murmelt: „Entschuldigung."

Und dann noch Abdul und Basti – bis alle dran waren.

„Jetzt ist es wieder gut!", sagt Lukas und lächelt zuerst Steffi und dann seine Freunde an.

12 Zum Mitmachen, Ausprobieren und Staunen …

 SAG DOCH MAL …

Weißt du noch, wie der Mann heißt, der im Brillengeschäft arbeitet?

 SAG DOCH MAL …

Hast du dich auch schon einmal bei jemandem entschuldigt? Wie hat sich das angefühlt?

 DIE BUNTE BRILLE

Bastle dir eine Brille, mit der du die Welt bunt siehst. Dazu musst du nur aus dicker Pappe eine Brillenform ausschneiden. Statt der Gläser klebst du eine bunte Folie auf die Pappe. Schon siehst du die ganze Welt blau, rot, gelb oder violett.

„Tut's sehr weh?"

Ranja hält sich die Ohren zu. Gerade ist Oma zu Besuch. Ranja
hat sich so auf sie gefreut. Doch gleich nachdem Oma die Woh-
nung betreten hat und ins Wohnzimmer gekommen ist, hat sie
sich zu Viktor auf die Couch gesetzt. Nicht zu Ranja auf den
Boden, um mit ihr Puzzle zu legen, wie sie es sonst immer
macht. Und natürlich hat sich Oma sofort danach erkundigt,
wie es Viktor geht. Ranjas großer Bruder hat sich nämlich das
Bein gebrochen. Darum liegt er mit einem Gipsbein auf der
Couch. Aber wie es Ranja geht, scheint Oma überhaupt nicht
zu interessieren. Genau wie Mama und Papa.

Seit einer Woche heißt es nur „Viktor, willst du dies? Viktor,
brauchst du das?"

Viktor bekommt Gummibärchen und heißen Kakao direkt an
die Couch geliefert.

Dabei dürfen Ranja und Viktor sonst nie im Wohnzimmer Kakao trinken. Wegen der Flecken, wenn sie versehentlich etwas
verschütten. Aber das scheint Mama und Papa jetzt ganz egal
zu sein, seit Viktor sein Gipsbein hat.

Ranja sieht, wie Oma eine Packung Schaumküsse aus ihrer Tasche zieht und Viktor in die Hand drückt. Auch das noch. Dabei
ist das Ranjas Lieblingssüßigkeit.

Ranja kneift die Augen zusammen und sieht Oma und Viktor
ganz grimmig an. Aber die beiden scheinen davon nichts zu
merken. Ranja hebt ihre Füße und lässt sie krachend auf den
Boden trommeln. Richtig laut und fest, weil sie so wütend ist.
Plötzlich merkt sie, wie ihre beiden Fersen richtig wehtun von
dem Getrommel.

„Aua!", schluchzt Ranja. Sie fängt an, laut und jämmerlich zu
weinen.

13

Da dreht sich Oma um.
„Aber Ranja, Kind, was ist denn? Warte, ich setz mich zu dir."
Oma nimmt neben Ranja Platz.
„Hast du dir wehgetan?", fragt sie.
Ranja nickt.
„Ich bin jetzt auch krank. So wie Viktor. Und du musst mir auch etwas mitbringen", schnieft sie.
Oma lächelt. Dann nimmt sie Ranja in den Arm.
„Aber ich habe dir doch sowieso etwas mitgebracht. Eine extragroße Packung Schaumküsse. Mit weißer Schokolade. Die, die du am liebsten hast."
„Echt?", staunt Ranja.
Sie ist so überrascht, dass sie ganz vergisst, selbst krank zu sein. Als Oma ihr die Packung mit der Süßigkeit hinhält, fällt Ranja ihr voller Freude um den Hals.
„Hallo, ich bin auch noch da", mault Viktor.
Oma steht auf, nimmt Ranja an der Hand und geht mit ihr zu Viktor.
„Wisst ihr was, wir verschönern jetzt alle drei Viktors Gipsbein. Was haltet ihr davon?"
Viktor nickt zufrieden. Schnell flitzt Ranja in ihr Zimmer, um Filzstifte zu holen. Dann legen die drei los. Viktors Gips wird immer bunter. Und Ranja möchte jetzt auch gar nicht mehr krank sein.

13

Zum Mitmachen, Ausprobieren und Staunen …

 SAG DOCH MAL …

Was hat Ranjas Bruder Viktor? Und warum möchte Ranja plötzlich auch krank sein?

 DER GIPSFUSS

Mache dir einen Gipsfuß! Am besten klappt das, wenn dir dabei jemand hilft. Du brauchst Gipsbinden, eine Schere, Hautcreme und eine Schale mit Wasser. Schneide die Gipsbinden in kurze Streifen. Dann cremst du dir den Fuß dick mit Creme ein. Jetzt wird er eingegipst. Dazu ziehst du die einzelnen Gipsbindenstreifen durch das Wasser in der Schale. Die nassen Streifen legst du um deinen Fuß. Dann streichst du den Streifen glatt und nimmst den nächsten. Die einzelnen Gipsstreifen sollen sich gut überlappen. Ist alles bedeckt, wartest du, bis der Gips getrocknet ist. Dann kannst du mit einer Schere an der Fußsohle einen Schlitz schneiden. Ziehe deinen Fuß aus der Gipshülle. Jetzt hast du ein Abbild von deinem Körperteil in Gips. Wenn du magst, kannst du es noch bunt bemalen.

Inas Oma ist krank. Deshalb nennt Ina sie auch „Krank-Oma".
Aber sie hat keinen Schnupfen oder die Masern.
„Oma ist schon sehr alt. Und darum hat ihr Körper keine Kraft
mehr", hat Mama Ina erklärt.
Ina dagegen hat ziemlich viel Kraft. Sie kann Mama beim Ein-
kaufen helfen und richtig schwere Tüten schleppen. Und sie
kann schon ganz alleine die riesige Eingangstür unten im Haus
aufdrücken. Aber all das kann Krank-Oma nicht mehr. Früher
schon. Das hat auch Mama gesagt. Aber daran kann sich Ina
gar nicht mehr erinnern. Seit sie ihre Oma kennt, wohnt sie im
„Haus Regenbogen". Das ist ein Haus, in dem viele alte Leute
wohnen. Und dort gibt es Frauen in weißen Kitteln, die sich um
Krank-Oma und die anderen kümmern. Manchmal hilft Ina
beim Kümmern mit. So wie heute.
„Ich nehme mein Bilderbuch mit den Elefanten mit", sagt Ina
und stopft ihr Buch in ihre Tasche. Die hängt sie sich um. Dann
kann es losgehen. Gemeinsam mit Mama muss sie erst drei Sta-
tionen mit der Straßenbahn fahren. Dann sind sie da.
„Welche Zimmernummer?", fragt Mama, wie jedes Mal, wenn
sie Oma besuchen.
„3, 2, 4 – weiß ich doch", lacht Ina – auch wie jedes Mal.
Dann rennt sie los. Denn Ina kennt den Weg.
Sie ist viel schneller als Mama.
Vor der Zimmertür mit dem Schild „324 – Frau Schlüter" bleibt
sie stehen.
Sie klopft kräftig an, damit Oma auch merkt, dass sie Besuch
bekommt.
Dann schiebt Ina die Tür auf und betritt Omas Zimmer.

Früher sah es in dem Zimmer ziemlich langweilig aus. Aber Ina hat dann ganz viele Bilder gemalt. Die hat sie gemeinsam mit Mama an die Wände von Omas Zimmer gehängt.

Jetzt ist es hier bunt und schön, findet Ina.

Leise geht sie durch den Raum. Ina setzt sich auf den Bettrand.

„Hallo Oma", sagt sie und legt ihre kleine Hand auf die schrumpelige Hand von Krank-Oma.

„Ich hab dir heute mein Bilderbuch mitgebracht. Soll ich dir etwas vorlesen?", will Ina wissen.

Oma dreht ihren Kopf und sieht Ina freundlich an.

Da weiß Ina Bescheid. Oma hat Lust. Darum klappt Ina ihr Elefantenbuch auf.

Als Mama endlich kommt, hat Ina schon drei Seiten umgeblättert und ihrer Oma jede Menge erzählt.

Mama begrüßt Oma mit einem Kuss. Dann stellt sie sich hinter Ina und streichelt ihr über den Kopf.

„Es ist wirklich schön, wie du dich um Oma kümmerst", murmelt sie.

Ina nickt. Sie findet auch, dass sie das richtig gut macht.

„Aber jetzt muss ich weiter vorlesen. Du musst leise sein, Mama. Sonst versteht Oma nichts", lacht Ina und blättert um.

14

Zum Mitmachen, Ausprobieren und Staunen …

 SAG DOCH MAL …

Warum nennt Ina ihre Oma „Krank-Oma"? Wie kann Ina ihre Oma aufheitern?

 DER ERFREULICHE BESUCH

Überlege dir, ob du auch den Omas und Opas, die in deiner Nähe vielleicht in einem Seniorenheim wohnen, eine Freude machen kannst. Du kannst mit Freunden einige Lieder üben oder Bilder malen. Frage einen Erwachsenen, ob er euch begleiten kann. Dann könnt ihr die Menschen gemeinsam in dem Heim besuchen und ihnen vorsingen oder die Bilder schenken.

Wuffi ist Olgas Kuscheltier.

Er ist ein kleiner Hund mit einem braunen Fell und einer weißen Nase.

Olga hat ihn schon, seit sie ein Baby war.

Wuffi ist meistens überall mit dabei. Sogar an ihrem ersten Kindergartentag durfte er Olga begleiten.

Aber jetzt bleibt er lieber zu Hause. Weil sich Olga im Kindergarten kaum um ihn kümmern kann. Denn dort braucht sie Zeit, um mit ihren Freunden zu spielen.

Doch wenn Olga dann nach Hause kommt, läuft sie sofort ins Kinderzimmer, um mit Wuffi zu kuscheln. So wie heute.

„Hallo, mein kleiner Wuffi. Hast du mich vermisst?", fragt Olga und drückt den Kuschelhund an ihre Nase.

„Du riechst sooo gut", findet Olga und schnuppert an Wuffis Fell.

Plötzlich erschrickt sie. Am Rücken hat Wuffi einen weißen Fleck. Dort ist gar kein einziges Fellhaar mehr zu sehen.

Olga sieht sich ihr Kuscheltier genauer an. Wuffis Schwanz hängt ganz schlapp nach unten. Und seine Augen sehen traurig aus.

„Bist du etwa krank?", flüstert Olga. Sie merkt, dass Wuffi leicht mit dem Kopf nickt.

„Bestimmt hast du Fell-Weh", überlegt sie.

Vorsichtig streicht Olga über die Stelle, an der Wuffi eine Lücke in seinem Kuschelfell hat.

„Da muss ich dir sofort helfen", beschließt Olga.

Sie legt Wuffi ganz sachte auf ihr Bett und läuft ins Badezimmer.

Dort in der obersten Schublade im Schrank findet sie, was sie braucht.

Olga nimmt drei Pflaster und eine Rolle Verband. Damit geht sie zurück ins Kinderzimmer.

„Keine Angst. Das wird nicht wehtun", versucht Olga, Wuffi zu beruhigen.

Das Verbandszeug legt sie neben Wuffi. Jetzt kann sie mit dem Verarzten beginnen.

Olga rückt Wuffi auf der Bettdecke zurecht. Sie nimmt den Verband und beginnt, Wuffi damit einzuwickeln.

Als Olga fertig ist, schaut nur noch Wuffis Gesicht aus einer weißen Rolle heraus.

Olga klemmt ihre Zunge zwischen die Zähne. Denn jetzt kommt die schwierigste Aufgabe. Sie nimmt einen Pflaster-streifen nach dem anderen, reißt die Verpackung auf und klebt die Pflaster an das lose Ende des Verbands.

Zufrieden nimmt Olga Wuffi hoch.

„Jetzt ist das Fell-Weh sicher schnell vorbei. Und dann bist du wieder gesund."

Olga merkt ganz genau, dass Wuffi erleichtert nickt.

„Bis alles wieder gut ist, singe ich dir einfach etwas vor", be-schließt Olga.

„Heile, heile Segen …", singt sie und streichelt Wuffi dabei zart über den Kopf.

Das gefällt Wuffi mindestens so gut wie Olgas Gesang.

15

Zum Mitmachen, Ausprobieren und Staunen ...

 SAG DOCH MAL ...

Wer ist Wuffi? Weißt du noch, was ihm fehlt und wie sich Olga um ihn kümmert?

 SAG DOCH MAL ...

Hast du auch ein Kuscheltier? Weißt du noch, wie lange es schon bei dir ist? Wie heißt es?

 DER ARZT

Mit einem Verband kannst du gemeinsam mit einem Freund Arzt spielen. Bitte einen Erwachsenen um eine Rolle Verband, eine Schere und Pflaster. Jeder darf selbst entscheiden, was er verbunden haben möchte, z. B. seine Hand, sein Bein, einen Finger. Wenn ein Kind seinen Verband angelegt bekommen hat, tauscht ihr die Rollen.

Paul hat Mama so sehr vermisst. Zwei Wochen war sie im Krankenhaus.

Paul wollte sie ganz oft besuchen. Aber das ging nicht immer, weil die Klinik ziemlich weit weg war. Deswegen musste Paul auch richtig oft weinen.

Papa und Oma hatten ihn natürlich getröstet.

Papa hatte ihn oft auf den Schoß genommen und ihm über den Rücken gestreichelt.

Und Oma hatte ihm viele Geschichten erzählt, damit er auf andere Gedanken kam.

Aber ganz ging das Vermissen nie weg.

Doch heute würde Mama endlich wieder nach Hause kommen.

„Ganz gesund ist Mama noch nicht. Sie braucht viel Ruhe und kann nur gehen, wenn sie sich auf ihre Krücken stützt", hatte Papa erklärt, bevor er losfuhr, um Mama in der Klinik abzuholen.

Jetzt ist Oma bei Paul.

„Freust du dich schon auf Mama?", fragt Oma, während sie Kartoffeln schält.

Sie will zur Begrüßung für Mama Kartoffelpuffer machen. Weil die nämlich Mamas Lieblingsessen sind. Dazu gibt es Apfelmus.

„Damit deine Mama schnell wieder zu Kräften kommt", sagt Oma und lächelt Paul an.

„Ich will auch was tun, damit Mama schnell ganz gesund ist", verkündet er.

Was könnte er da machen? Paul kaut auf seiner Lippe herum und überlegt.

„Ich hab's!"

Paul flitzt in sein Kinderzimmer. Dort holt er Schere, Kleber, Schnur und Bastelpapier aus einer Kiste. Er fängt sofort an, zu

schneiden, zu kleben und zu knoten. Dann betrachtet er sein Werk.

„Oma, kommst du mal?", ruft er und verschränkt zufrieden seine Arme vor der Brust. Als Oma das Kinderzimmer betritt, geht Paul ihr entgegen und zieht sie mit zu dem Gebastelten.

„Eine Girlande!", staunt Oma.

„Kannst du für mich etwas drauf schreiben?", bittet Paul.

Natürlich kann Oma das. Gemeinsam beschriften sie die Papierstücke, die Paul ausgeschnitten und aneinandergebunden hat.

„Fertig! Und jetzt aufhängen", jubelt Paul.

Vorsichtig tragen Oma und er die Girlande in den Flur.

Dort knoten sie die beiden Enden der Girlande am Regal und an einem Nagel an der Wand fest.

Wenn Mama kommt, kann sie jetzt lesen: „Liebe Mama, ich mache dich gesund! Dein Paul".

„Das ist wirklich schön geworden", findet Oma.

„Das hilft deiner Mama bestimmt beim Gesundwerden."

„Ganz bestimmt", freut sich Paul. Er kann es kaum noch erwarten, bis Mama endlich da ist.

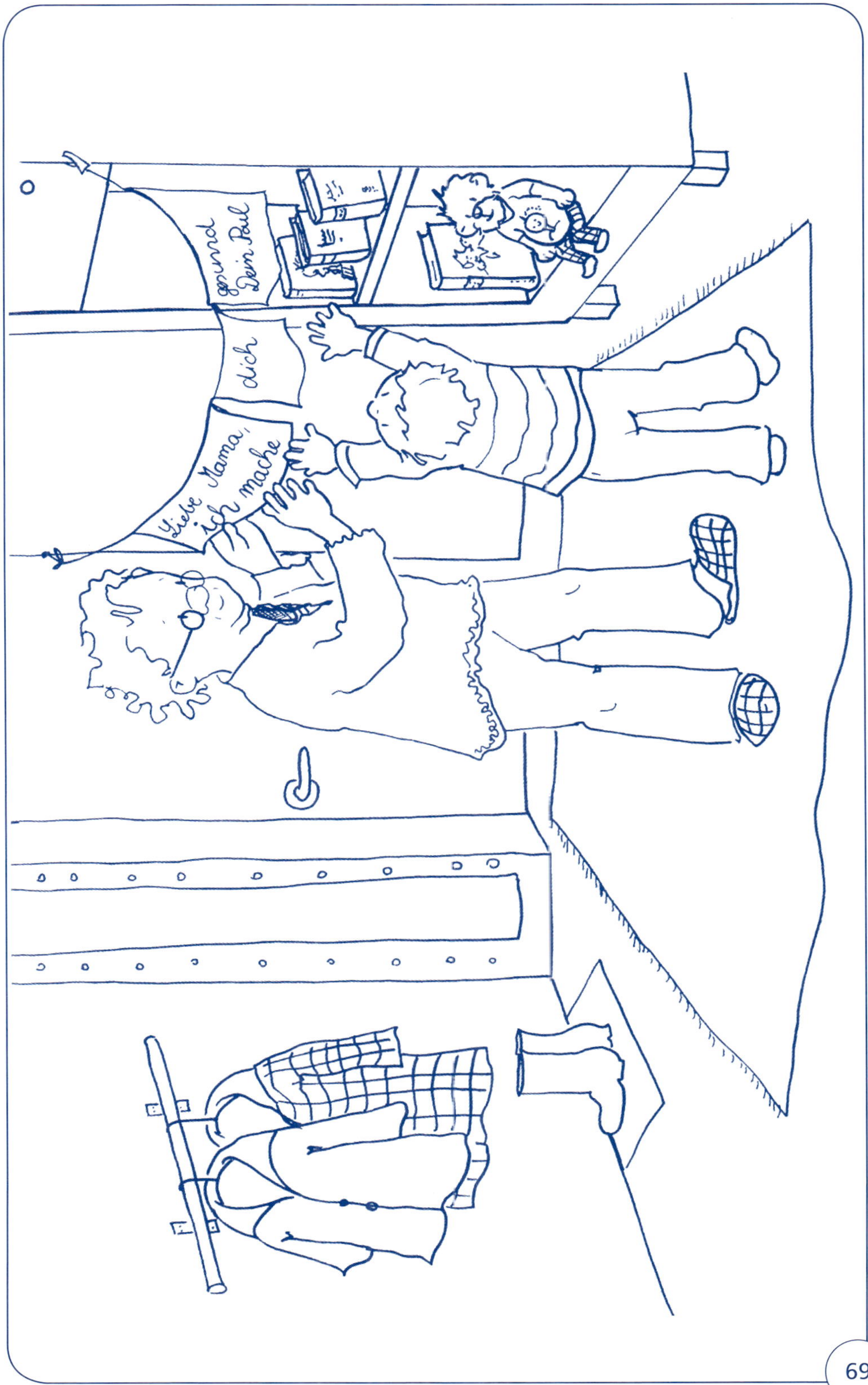
Liebe Mama,
ich mache
dich
gesund
Dein Paul

Zum Mitmachen, Ausprobieren und Staunen …

 SAG DOCH MAL …

Warum hat Paul seine Mama so sehr vermisst?

 SAG DOCH MAL …

Paul und Oma wollen Mama helfen, schnell gesund zu werden. Weißt du noch, was Oma dafür macht? Was hat sich Paul ausgedacht?

 DIE WILLKOMMENSGIRLANDE

Wenn jemand lange krank oder lange Zeit weg war, kannst du ihn mit einer Papiergirlande willkommen heißen. Dazu brauchst du mehrere Blätter buntes Papier, Schere, Nadel, Stifte und eine lange Schnur. Schneide zehn gleich große Dreiecke aus dem Papier. Auf jedes Dreieck kannst du nun einen Buchstaben schreiben – z. B. W I L L K O M M E N. Achte dabei darauf, dass die Spitze des Dreiecks unten und die breite Seite oben ist. Lege dann die Dreiecke in der richtigen Reihenfolge hintereinander auf den Boden. Mit einer dicken Nadel stichst du an der oberen Seite der Dreiecke rechts und links ein Loch durch das Papier. Fädle die Schnur durch die Löcher. Nun kannst du die Girlande an der Schnur aufhängen.

„Ich glaube, Murmel ist krank", sagt David.

Er kniet vor dem Käfig seiner beiden Meerschweinchen Murmel und Mopsi. Während Mopsi munter an einer Gurkenscheibe knabbert, sitzt Murmel schlapp und müde da. David hält Murmel ein Stück Gurke direkt vor die Nase. Nichts!

Papa setzt sich zu David auf den Boden.

„Dann sollten wir zum Tierarzt mit ihm gehen", beschließt er und nickt David zu.

Schnell haben sie alles zusammengepackt, was sie für den Transport von Murmel zum Tierarzt brauchen. In die grüne Transportbox hat David Heu gestreut.

„Damit es Murmel auf der Fahrt weich hat", erklärt er Papa. Dann legt er noch eine Karotte in die Box.

„Vielleicht bekommt er ja doch noch Hunger", meint David. Vorsichtig hebt er Murmel hoch und setzt ihn auf das Heu in der Box.

Mopsi muss in den Käfig zurück. Dabei fiept das Meerschweinchen ziemlich laut.

„Wir bringen dir Murmel bald wieder. Und dann ist er auch wieder gesund", versucht David, sein anderes Meerschweinchen zu trösten.

„Können wir los?", fragt Papa.

David hebt die Transportbox mit Murmel hoch und nickt.

Wenig später stehen David und Papa im Sprechzimmer von Tierarzt Doktor Berger.

Hier riecht es nach allen möglichen Tieren – nach Hund und Katze – aber auch irgendwie nach Vogel und ein bisschen nach Mist, findet David.

„Stell die Box mit deinem Meerschweinchen bitte auf den Behandlungstisch", bittet Doktor Berger.

Dann reicht er erst David und dann Papa zur Begrüßung die Hand.

„Was fehlt ihm denn?", will der Tierarzt wissen, während er Murmel vorsichtig aus seiner Box hebt.

„Er hat schon drei Tage nichts mehr gefressen", erklärt David.

Doktor Berger setzt Murmel auf den Tisch und beugt sich zu ihm hinunter.

Er drückt vorsichtig am Bauch des Meerschweinchens herum.

„Hm, hier ist alles in Ordnung", brummt der Tierarzt.

Dann zieht er Murmels Mund auf.

„Ah, das ist also der Grund", stellt Doktor Berger fest.

Er winkt David näher heran.

„Schau! Murmels Nagezähne sind viel zu lang. Er kann damit nicht mehr richtig beißen. Wir müssen die Zähne kürzen. Dann ist Murmel wieder fit."

Der Tierarzt nimmt eine Zange.

„Kannst du Murmel festhalten?", bittet er David.

„Tut das nicht weh?", fragt David, während er Murmel hält und beruhigend streichelt.

„Nein, keine Sorge", versichert Doktor Berger.

Schnell sind die Nagezähne um ein Stück kürzer.

Erleichtert setzt David sein Meerschweinchen wieder in die Transportbox.

„Gut, dass ich dir eine Karotte ins Heu gelegt habe. Jetzt kannst du sie dir schmecken lassen", lacht David erleichtert.

17

Zum Mitmachen, Ausprobieren und Staunen …

 SAG DOCH MAL …

Hast du auch ein Haustier? War das schon einmal krank?

 SAG DOCH MAL …

Warst du schon einmal bei einem Tierarzt? Was ist dort genauso wie bei einem Arzt für Menschen? Was ist anders?

 DAS STREICHELSÄCKCHEN

Tierestreicheln fühlt sich schön und weich an. Du kannst aber auch andere weiche Dinge sammeln, die du dann streicheln und in die Hand nehmen kannst. Du kannst z. B. ein Wattebällchen, ein schönes Stück Stoff, einen glatten Stein oder ein Stück Fell nehmen. Lege alle gesammelten Dinge in ein Stoffsäckchen. Immer wenn du etwas Weiches fühlen möchtest, kannst du hineinfassen und etwas herausholen.

Leos Hund Gustl war schon wochenlang schlapp und müde.
Gestern waren Leo und Mama mit ihm bei der Tierärztin Frau
Liebig.
„Es tut mir sehr leid", hatte Frau Liebig gesagt, nachdem sie
mit der Untersuchung von Gustl fertig war.
„Dein Hund ist leider sehr krank. Ich kann ihm nicht mehr
helfen. Darum muss er eingeschläfert werden."
Zuerst hatte Leo gehofft, dass Gustl gesund und munter wieder
aufwachen wird.
Aber dann hat Mama ihm ihren Arm um die Schultern gelegt.
„Wir müssen uns von Gustl verabschieden", hatte sie gesagt.
Da musste Leo schrecklich weinen. Und Mama weinte auch ein
bisschen.
Jetzt steht Leo im Garten und sieht sich traurig um.
Hier hat er immer mit Gustl gespielt.
Er hat für ihn ein Stöckchen geworfen. Und Gustl ist dem
Stöckchen nachgelaufen und hat es Leo wieder gebracht.
Aber Gustl ist nicht mehr da.
Mama kommt in den Garten.
Als sie sieht, wie traurig Leo dasteht, nimmt sie ihn fest in den
Arm.
„Gustl fehlt dir", sagt sie.
Leo nickt und schnieft.
„Was glaubst du, wo er jetzt ist?", will Leo wissen.
„Ich kann mir vorstellen, dass er im Hundehimmel herumtobt",
meint Mama und muss lächeln.
„Echt?"
Leo hebt den Kopf und schaut hoch zu den Wolken. Dann
atmet er tief durch.
„Das kann ich mir auch vorstellen."

18

„Wie es dort wohl aussieht?", überlegt Mama.

„Auf alle Fälle gibt es da jede Menge Hunde", vermutet Leo.
Er ist immer noch traurig. Aber ein bisschen fühlt er sich von
dem Gedanken an den Hundehimmel auch getröstet.

„Ich zeig dir, wie es im Hundehimmel aussieht", sagt Leo plötzlich und macht sich aus Mamas Umarmung los. Er läuft ins Haus
und holt aus seinem Kinderzimmer ein Blatt Papier und Stifte.
Damit setzt er sich auf die Terrasse an den Tisch.

Leo beginnt, zu malen.

Immer wieder macht er einen Augenblick Pause und sieht zum
Himmel hoch.

Dann malt er weiter.

Mama setzt sich zu ihm. Sie sagt nichts, sondern sieht Leo nur
zu, wie er malt.

Als das Bild fertig ist, lehnt sich Leo zurück.

„So sieht es im Hundehimmel aus", erklärt er Mama und
deutet auf das Bild.

Darauf ist eine große Wiese zu sehen. Viele Hunde jagen
darauf herum, toben und springen.

„Dort hat es Gustl aber gut", meint Mama.

Jetzt schafft Leo es, ein bisschen zu lächeln.

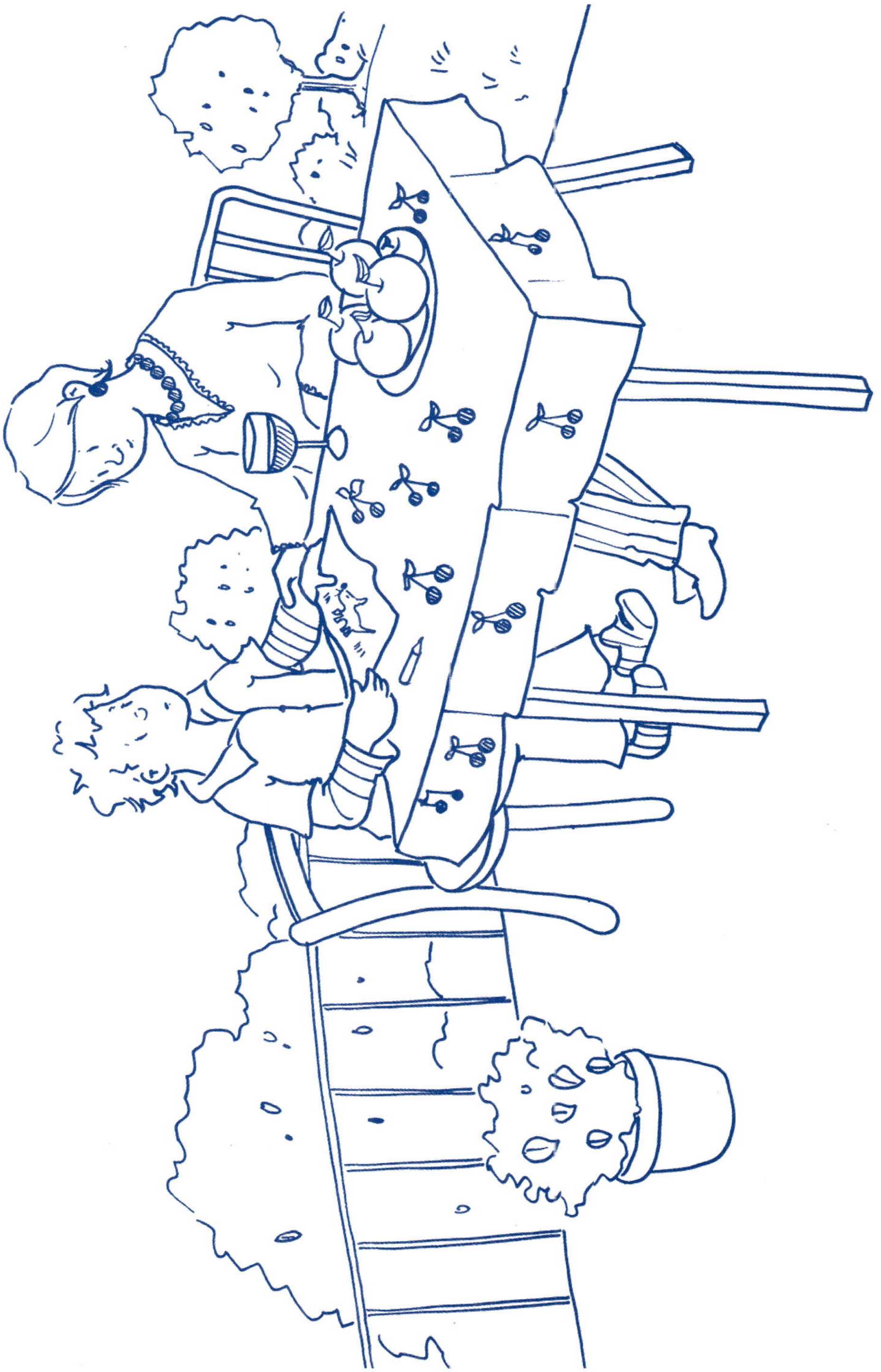

18

Zum Mitmachen, Ausprobieren und Staunen ...

 SAG DOCH MAL ...

Warum ist Leo so traurig?

 SAG DOCH MAL ...

Warst du schon einmal traurig, weil jemand gestorben ist? Wie fühlt sich das an? Was hat dich getröstet?

 DAS HUNDESPIEL

Suche dir einen Freund, mit dem du gemeinsam Herrchen und Hund spielen kannst. Einer von euch ist der Hund, der andere das Herrchen. Baut einen kleinen Hindernisparcours auf: einen Stuhl zum Drübersteigen, einen Krabbeltunnel zum Durchkrabbeln, einige Kissen oder Eimer zum Slalomlaufen, ein Brett zum Balancieren. Das Herrchen geht durch den Parcours und zeigt dem Hund, wo er langlaufen soll. Hat der Hund auf allen vieren die Hindernisse gemeistert, werden die Rollen getauscht.

Als Erik heute vom Kindergarten nach Hause kommt, liegt
Papa auf dem Sofa.
„Juhu!", ruft Erik.
„Ich bin da!"
Er hüpft mit einem Satz auf Papas Bauch.
Aber Papa kitzelt ihn nicht, wie er es sonst tut, sondern stöhnt
nur auf und hebt ihn herunter.
Mama kommt dazu und schimpft. Erik soll nicht so wild auf
Papa herumhüpfen, denn Papa ist krank und hat geschlafen
und außerdem soll Erik seine Schuhe ausziehen und dann …
Erik hört nicht mehr zu. Er trottet beleidigt in die Garderobe
und zieht seine Schuhe aus. Dann geht er zurück ins Wohnzim-
mer. Dabei macht er die Tür hinter sich extra laut zu. Papa soll
jetzt aufwachen und so sein wie immer.
Papa tut so, als ob er nichts hört. Er bewegt sich nicht mal.
Aber Mama hat Erik gehört. Sie nimmt Erik an der Hand und
zieht ihn aus dem Zimmer.
In der Küche muss Erik sich an den Tisch setzen und Mama
fragt: „Erik, sag mal, was soll das?"
„Was denn?", mault Erik.
„Du weißt genau, was ich meine. Papa ist zu Hause, weil er
krank ist, und du nimmst gar keine Rücksicht auf ihn. Du
hüpfst auf ihm herum und knallst die Tür zu, damit er nicht
schlafen kann."
Sie sieht Erik so vorwurfsvoll an, dass ihm die Tränen kommen.
„Er soll auch gar nicht schlafen. Er soll mich kitzeln und so sein
wie sonst immer", schnieft Erik.
„Ach, Erik", sagt Mama. „Ich verstehe ja, dass es für dich
schwer ist, Papa so schwach daliegen zu sehen. Aber du musst
dir keine Sorgen machen. Dein Papa hat nur eine starke Erkäl-

tung und wird sicher bald wieder gesund und so wie immer sein. Aber jetzt braucht er Ruhe und unsere Hilfe.

„Hilfe?", fragt Erik.

„Ja. Kannst du dir vorstellen, wie du ihm helfen kannst?"

„Leise sein?", vermutet Erik.

„Ja, das auch. Fällt dir noch was ein?"

Erik zuckt mit den Schultern.

„Möchtest du Papa vielleicht den Tee bringen, den ich ihm eben gemacht habe?"

Erik nickt. Das will er.

Vorsichtig nimmt er das Tablett mit der heißen Teetasse darauf und balanciert es ganz langsam und leise ins Wohnzimmer.

Dort stellt er das Tablett auf dem Tisch neben Papa ab und schleicht wieder hinaus.

„Na? Hat er sich gefreut?", fragt Mama, als Erik wieder in der Küche ist.

„Das weiß ich doch nicht. Ich war ganz leise, damit er nicht aufwacht. Papa braucht Ruhe, weißt du?"

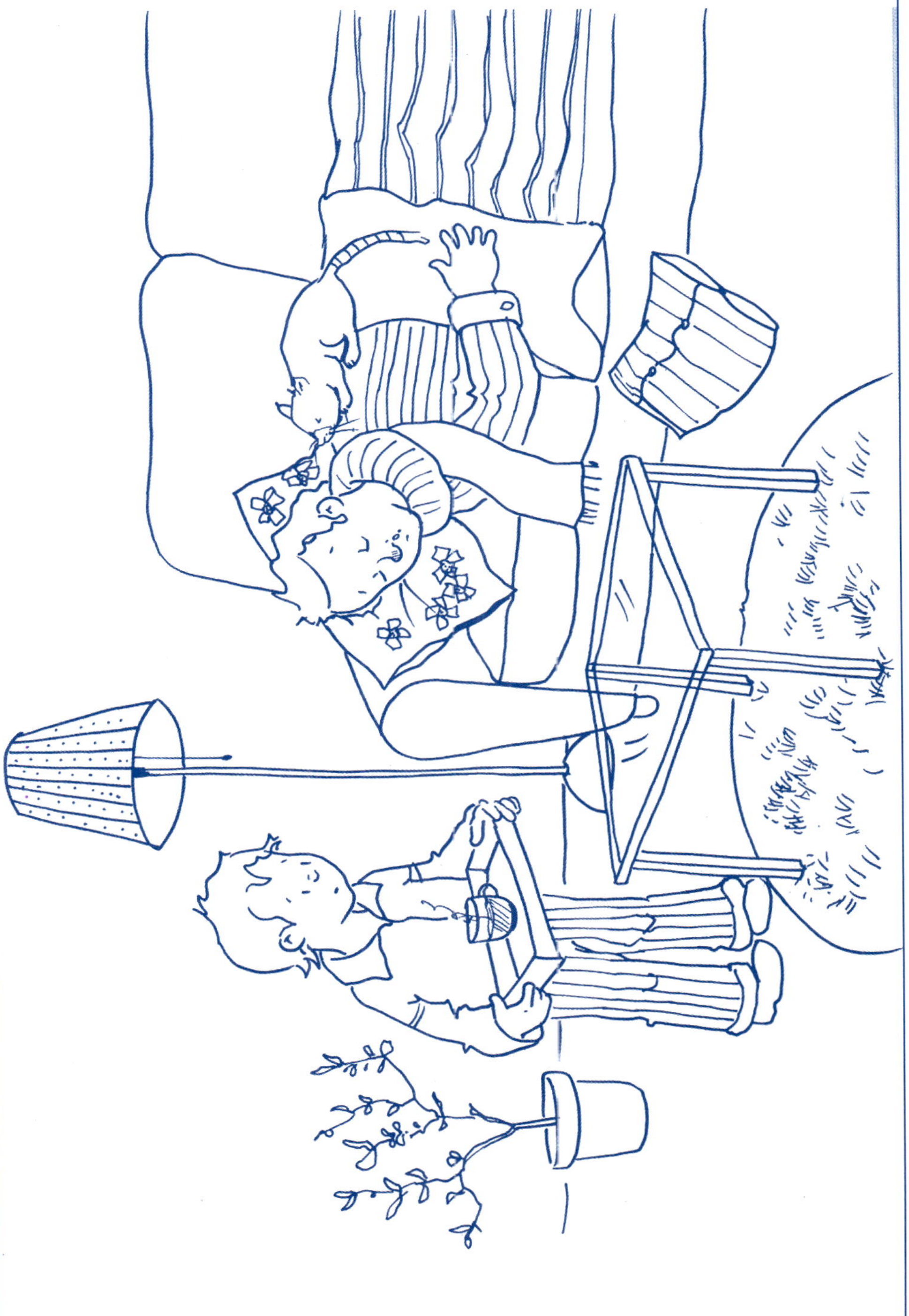

Zum Mitmachen, Ausprobieren und Staunen …

 SAG DOCH MAL …

Was hat man eigentlich, wenn man erkältet ist? Zähle auf, was du weißt!

 SAG DOCH MAL …

Hast du noch eine Idee, wie Erik seinem Vater hätte helfen können?

 DER BALANCEPARCOURS

Versuche auch, ein Tablett mit verschiedenen Sachen darauf zu balancieren. Du kannst dir dazu einen Parcours bauen, den du mit dem Tablett in der Hand überwinden musst.

Mara freut sich. Heute kommt Lissi, ihre beste Freundin, zu Besuch. Und Mara hat ihr so viel zu erzählen. Sie muss erzählen, dass sie im Krankenhaus war, um ihre Tante Anna zu besuchen. Die ist nämlich operiert worden. Am Blinddarm. Mara weiß nicht genau, was das ist, aber Tante Anna hat einen Verband um den Bauch gehabt.

Im Krankenhaus hat Mara aber noch viel mehr gesehen. Menschen, die Verbände um den Kopf hatten oder über dem Auge ein großes Pflaster. Oder andere, die einen Arm oder ein Bein im Gips hatten. Einen alten Mann haben die Krankenschwestern sogar im Bett herumgefahren. Er war mit Mara im selben Fahrstuhl.

„Das ist ja toll. Ich will auch mal Krankenschwester werden", sagt Lissi, als Mara zu Ende erzählt hat.

„Ich auch", schwärmt Mara. „Sollen wir vielleicht unser eigenes Krankenhaus aufmachen?" fragt sie dann.

„Au ja!", ruft Lissi. „Wir fangen mit den Kuscheltieren an. Die sind jetzt unsere Kranken."

„Die heißen Patienten", sagt Mara ernst.

Aber Lissi ist schon aufgesprungen und holt so viele Kuscheltiere, wie sie tragen kann, vom Regal.

Die Mädchen setzen die Tiere in einer Reihe auf das Bett.

„Sie müssen warten, bis sie dran sind!", erklärt Mara.

Dann setzt sie sich auf den Teppich und ruft: „Der erste Patient kann kommen, bitte!" Lissi bringt einen Stoffhasen.

„Was fehlt ihm denn?", fragt Mara.

„Er hat Ohrenweh", erklärt Lissi.

Mara untersucht die Hasenohren.

Dann bekommt der Hase eine Spritze in sein Ohr. Und am Ende macht Mara noch einen Taschentuchverband um beide Ohren.

„Der Nächste bitte", ruft sie dann.

Lissi bringt ein rosarotes Schweinchen mit Bauchweh.

So behandeln Lissi und Mara nacheinander alle Kuscheltiere.

Als die Tiere wieder auf dem Bett liegen, knurrt plötzlich etwas ganz laut.

„Was war das?"

Mara sieht erstaunt die Kuscheltiere an. Lissi lacht.

„Das war kein Kuscheltier. Das war mein Bauch. Ich hab Hunger." Mara schlägt die Hände vors Gesicht.

„Oh weh. Wir haben das Essen vergessen. Unsere Patienten haben bestimmt auch Hunger".

In diesem Moment schaut Maras Mutter ins Kinderzimmer herein.

„Mama", fragt Mara. „Was ist denn ein gutes Essen für Kranke?"

Ihre Mutter zeigt auf die Tiere.

„Sind das die Kranken?"

Mara und Lissi nicken.

„Und haben die Krankenschwestern auch Hunger?", fragt Maras Mutter.

Wieder nicken beide.

„Moment. Ich komme gleich wieder."

Die Mädchen hören Maras Mutter in der Küche hantieren.

Kurze Zeit später steht sie wieder im Kinderzimmer. Sie hat ein Tablett mit mehreren kleinen, dampfenden Schüsseln dabei.

Mara schnuppert.

„Hmmm! Grießbrei! Lecker."

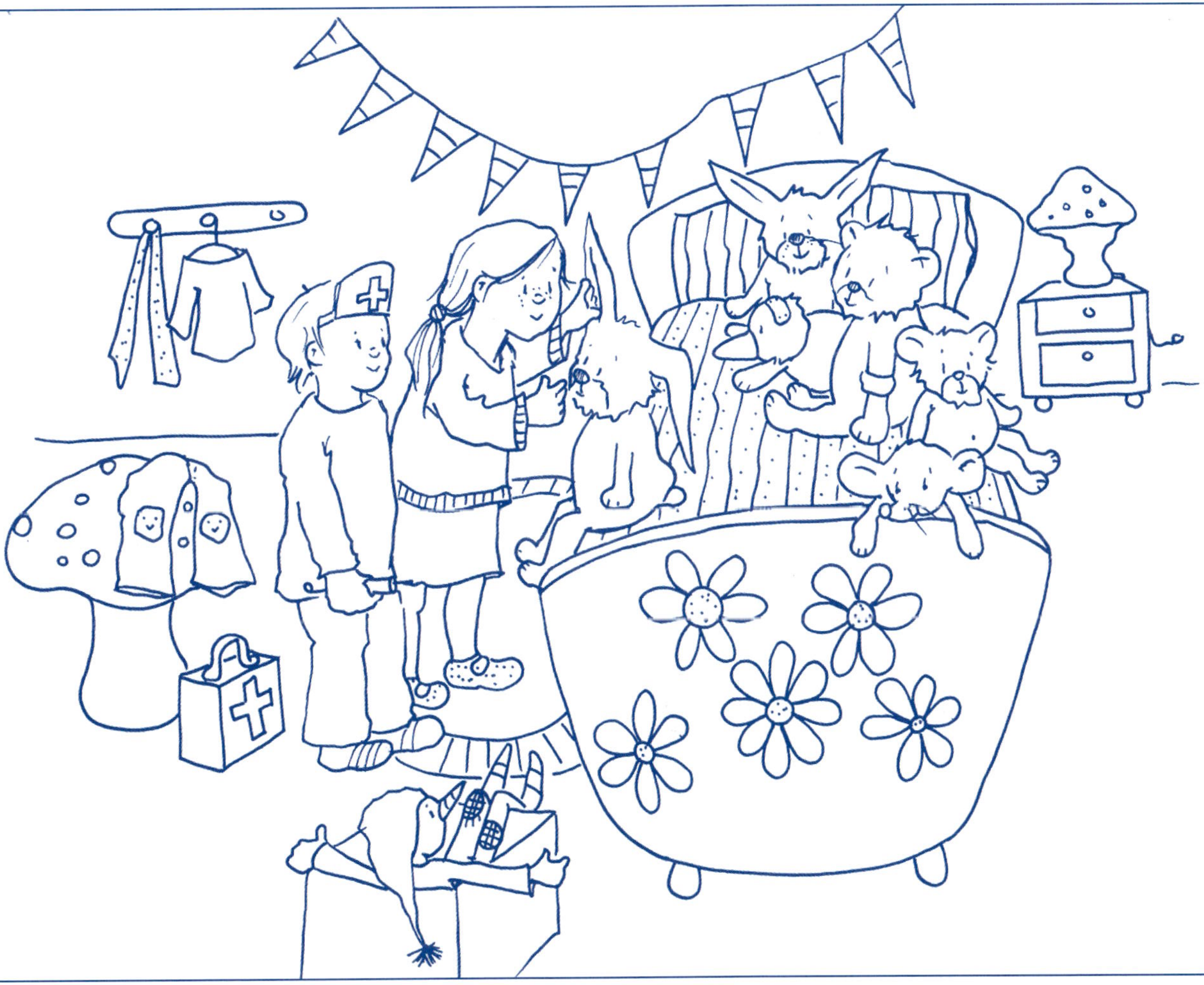

Zum Mitmachen, Ausprobieren und Staunen …

 SAG DOCH MAL …

Weißt du noch, wie die Kranken im Krankenhaus genannt werden?

 SAG DOCH MAL …

Hast du schon einmal deinen Bauch vor Hunger knurren hören? Und wie merkst du, wenn du Durst hast?

 LECKERES ESSEN FÜR KRANKE

Einen Grießbrei kannst du mithilfe eines Erwachsenen selber kochen. Dazu schmeckt Apfelmus oder einfach Zimt und Zucker. Guten Appetit!

„Frederik!" ruft Papa durch das ganze Haus.

„Komm schnell. Wir müssen ins Krankenhaus!"

Als Frederik hinten neben seinem kleinen Bruder Lion im Auto sitzt, sieht er erst, was passiert ist. Lions Fuß ist mit einer dicken Binde umwickelt.

„Wir wissen nicht, ob der Knöchel gebrochen ist", erklärt Mama von vorn.

Lion sieht Frederik aus verweinten Augen an.

„Tut's weh?", fragt Frederik.

Lion nickt. Da rückt Frederik ein wenig näher zu Lion hinüber und fragt: „Soll ich dir eine Geschichte erzählen?"

Wieder nickt Lion. Also fängt Frederik an.

„Es war einmal ein Prinz, der hieß … Prinz Lion. Er war der Prinz von einem riesengroßen Land. Das Land hieß … Gummi-bärenland."

Lion kichert. „Pscht!", macht Frederik und erzählt weiter.

„Also, der Prinz Lion vom Gummibärenland war echt voll stark und voll mutig. Das musste er auch sein, weil etwas sehr Ge-fährliches sein Land bedrohte und alle Bewohner auffressen wollte."

„Ich weiß, wer!", ruft Lion dazwischen.

„Bestimmt ein gefährlicher Drache!"

„Nein", flüstert Frederik. „Etwas viel Gefährlicheres. Es war ein … Riesengummibärchen."

Wieder kichert Lion. Er scheint seinen Knöchel vergessen zu haben und lauscht gespannt weiter der Geschichte.

„Der Prinz war bekannt, weil er so besonders klug war. Also dachte er tagelang darüber nach, mit welcher Waffe er wohl das Riesengummibärchen besiegen könnte …"

Plötzlich steht das Auto still. Beide Jungen blicken auf.

„Wir sind am Krankenhaus", sagt Papa und hebt Lion vom Rücksitz.

Als sie wieder zu Hause sind, ist es schon Abend. Lions Knöchel ist mit Salbe eingerieben und wieder dick verbunden worden. Gebrochen ist er nicht, nur verstaucht. Mama bringt den völlig erschöpften Lion ins Bett. Dann setzt sie sich zu Frederik an den Wohnzimmertisch.

„Frederik, ich bin so stolz auf dich", sagt sie und streicht Frederik über den Kopf.

„Auf mich?", fragt der verwundert. „Warum?"

„Weil du heute so lieb zu deinem Bruder warst. Die Geschichte, die du ihm im Auto erzählt hast, hat ihn so toll abgelenkt von seinen Schmerzen."

Frederik freut sich über das Lob von Mama und lächelt.

„Weißt du, was?", fragt sie. „Ich finde, dass du eine Belohnung verdient hast. Wie wäre ein großes Schokoladeneis?"

„Au ja!", ruft Frederik.

Und dann setzt er sich mit seiner Mama gemütlich ins Wohnzimmer und beide genießen ein großes Schokoladeneis.

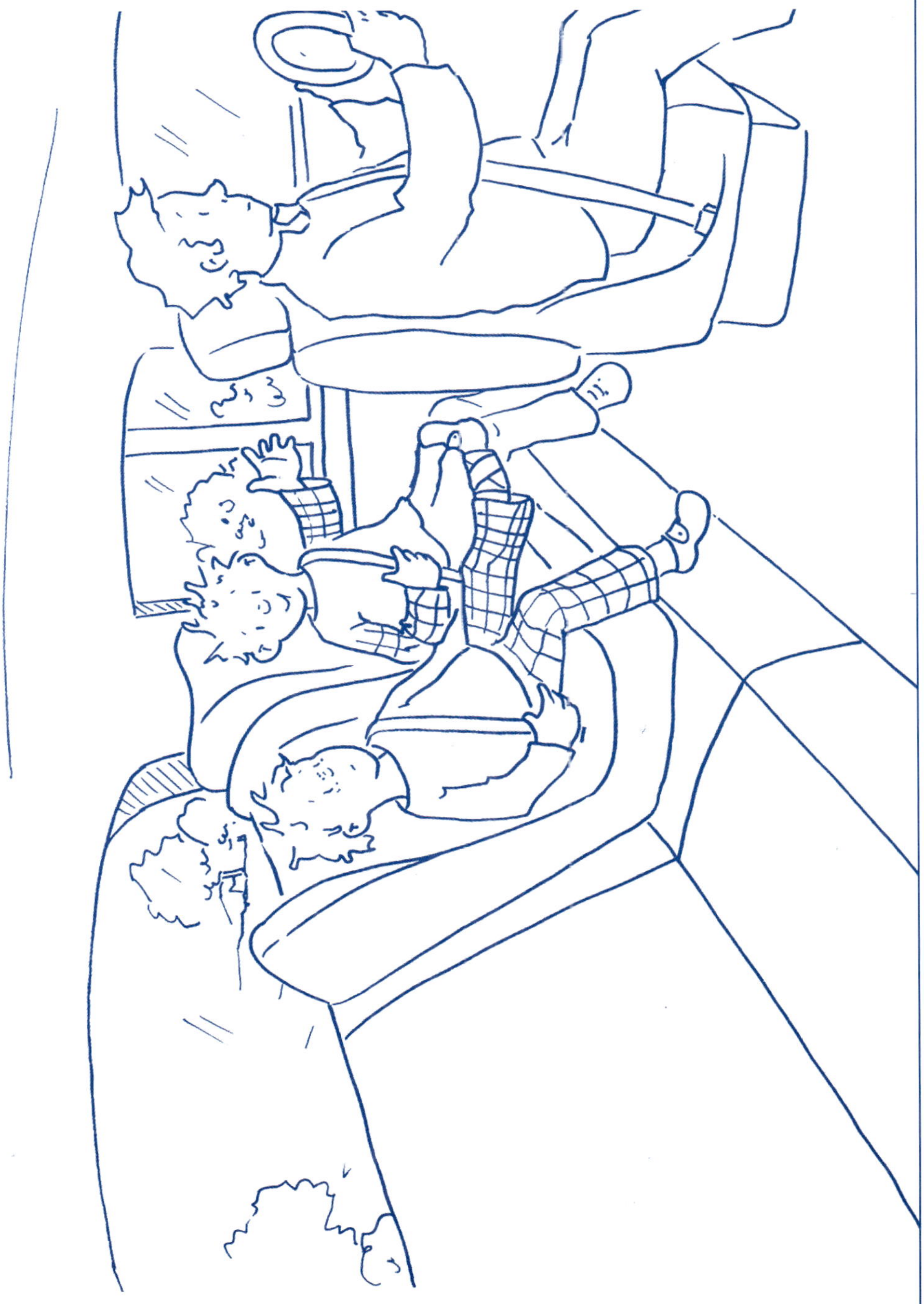

21

Zum Mitmachen, Ausprobieren und Staunen …

 SAG DOCH MAL …

Was ist ein verstauchter Knöchel? Kennst du den Unterschied zu einem gebrochenen Knöchel?

 SAG DOCH MAL …

Die Geschichte vom Prinzen Lion hört leider zu früh auf. Erfinde du das Ende der Geschichte und erzähle, wie der Prinz die Bewohner vor dem Riesengummibärchen rettet.

 DAS RIESENGUMMIBÄRCHEN

Du kannst ein Riesengummibärchen selbst züchten. Dazu stellst du einfach ein normales Gummibärchen über Nacht in ein Glas mit Wasser. Am nächsten Morgen wirst du erstaunt sein, was passiert ist.

Alle Kinder sitzen im Morgenkreis der Tigergruppe. Flori zählt durch.

„Wir sind 24 Kinder."

Er sieht sich suchend um.

„Einer fehlt!"

Petra, die Erzieherin, steht auf.

„Genau. Das wollte ich euch erzählen. Niko fehlt. Er musste leider ins Krankenhaus. Er ist gestern vom Fahrrad gefallen und hat sich eine große Platzwunde und eine Gehirnerschütterung zugezogen."

Die Kinder schauen betroffen.

„Das ist nicht so schlimm. Aber er muss trotzdem ein paar Tage im Krankenhaus bleiben", erklärt Petra.

„Da habe ich mir überlegt, dass wir ihm ein Bild malen und es ihm ins Krankenhaus bringen könnten. Was meint ihr?"

„Au ja, au ja!", rufen die Kinder.

Sie machen sich gleich an die Arbeit und es entsteht ein wunderschönes, farbenfrohes Bild.

Am Mittag nimmt Petra, die Erzieherin, Flori zu sich auf die Seite und sagt: „Ich wünsche mir, dass du mich begleitest, um Niko das Bild zu bringen, in Ordnung?"

Flori senkt den Kopf. Er hat gar keine Lust. Warum muss gerade er da mit? Niko ist gar nicht sein bester Freund. Aber er traut sich nicht, das so zu Petra zu sagen. Also nickt er nur ganz wenig.

Gemeinsam mit Petra fährt Flori kurz darauf schlecht gelaunt ins Krankenhaus.

Er spricht auf dem ganzen Weg kein Wort. Petra versucht, ihn aufzuheitern, und fragt ihn verschiedene Dinge, aber Flori will nicht aufgeheitert werden. Er murmelt nur ganz leise, kurze Antworten.

Als sie auf der Kinderstation sind, klopft Petra an die Tür mit der Nummer 8.

„Herein!", ruft es fröhlich von drinnen.

Petra öffnet die Tür und Flori staunt nicht schlecht.

Niko liegt in einem großen, weißen Bett. Er ist umringt von Erwachsenen.

Petra begrüßt alle per Handschlag und Flori geht mit gesenktem Kopf hinter ihr her. Er weiß gar nicht, was er machen soll bei so vielen fremden Leuten. Aber da beugt sich plötzlich jemand zu ihm herunter und sieht ihm in die Augen.

„Hallo! Ich bin Nikos Mutter. Und wer bist du?"

„Ich bin der Flori", sagt Flori leise und drückt Nikos Mutter das Bild aus dem Kindergarten schnell in die Hand.

„Ist das ein Geschenk für Niko?", fragt sie.

Flori nickt.

Ganz laut sagt Nikos Mutter dann: „Seht mal alle her. Das ist Flori aus der Tigergruppe. Er hat für Niko ein Bild mitgebracht."

Alle schauen auf das Bild, das Nikos Mutter entrollt hat.

Dann sehen alle Flori an. Niko strahlt.

„Danke, Flori", sagt er.

Die Erwachsenen reden jetzt alle durcheinander. Sie lachen und loben Flori und streichen über seinen Kopf und freuen sich über das Bild.

Flori wird auf einmal ganz warm im Bauch. Jetzt ist er doch sehr froh, dass er mitgekommen ist.

22

Zum Mitmachen, Ausprobieren und Staunen …

 SAG DOCH MAL …

In der Tigergruppe sind 24 Kinder anwesend. Ein Kind fehlt. Weißt du, wie viele Kinder die Tigergruppe dann insgesamt hat, wenn alle da sind?

 SAG DOCH MAL …

Hast du auch schon mal versucht, jemanden aufzuheitern, der so schlechte Laune hatte wie Flori auf der Fahrt ins Krankenhaus? Wie hast du das gemacht?

 DAS BILDGESCHENK

Male jemandem, dem du eine Freude machen willst, ein schönes Bild.

Julchen freut sich.

Sie darf heute mit Mama die Oma besuchen. Julchens Oma geht es nicht so gut.

Julchen hat ein Bild für die kranke Oma gemalt. Aber als sie endlich da sind, will Julchen Oma ihr Bild schenken. Doch Oma beachtet sie kaum.

„Komisch", denkt Julchen.

Sonst knuddelt und drückt Oma sie immer extra lange und spielt mit ihr.

Aber heute schickt Mama Julchen alleine ins Nebenzimmer zum Spielen.

Oma und Mama bleiben im Wohnzimmer und reden.

Julchen spielt ein Weilchen mit Omas Puppen. Dann wird ihr langweilig und sie horcht an der Tür zum Wohnzimmer.

Ganz leise hört sie Mama reden und immer wieder hört sie, wie jemand weint.

Ob das die Oma ist?

Julchen bekommt ein seltsames Gefühl im Bauch.

Als Mama nach langer Zeit nach Julchen ruft, läuft sie schnell nach nebenan.

Oma sieht wirklich aus, als ob sie geweint hätte.

Mama verabschiedet sich und wieder wird Julchen kaum beachtet.

Im Auto fragt Julchen: „Mama, hat Oma geweint? Was hat Oma denn für eine Krankheit?"

Mama erklärt: „Weißt du, das kann ich schlecht erklären. Oma hat keine richtige Krankheit, so wie du sie kennst. Es ist nicht so etwas wie Halsweh oder Bauchweh. Ihr Körper ist eigentlich gesund."

Julchen fragt wieder: „Aber was hat Oma dann für eine Krankheit?"

„Also", versucht Mama es erneut.

„Es ist mehr so, dass Oma sehr traurig ist. Immer. Sie ist einfach den ganzen Tag über traurig. Das ist auch eine Krankheit. Man könnte sagen, Omas Seele oder vielleicht ihre Gedanken sind ein wenig krank."

Das versteht Julchen, denn traurig war sie auch schon mal. Sie weiß, dass man sich krank fühlt, wenn man sehr traurig ist.

„Hat Oma sich über mein Bild gefreut?", fragt Julchen.

„Natürlich. Das hat sie sehr gefreut. Sie konnte das nur heute nicht so gut sagen, weißt du?"

Julchen nickt.

Aber eine Sache will sie noch wissen. Das Wichtigste.

„Wird Oma wieder gesund?"

„Ja!", sagt Mama überzeugt.

„Oma muss zum Arzt und braucht ein wenig Erholung. Dann wird sie auch wieder ganz gesund. Bestimmt bald."

Da ist Julchen froh!

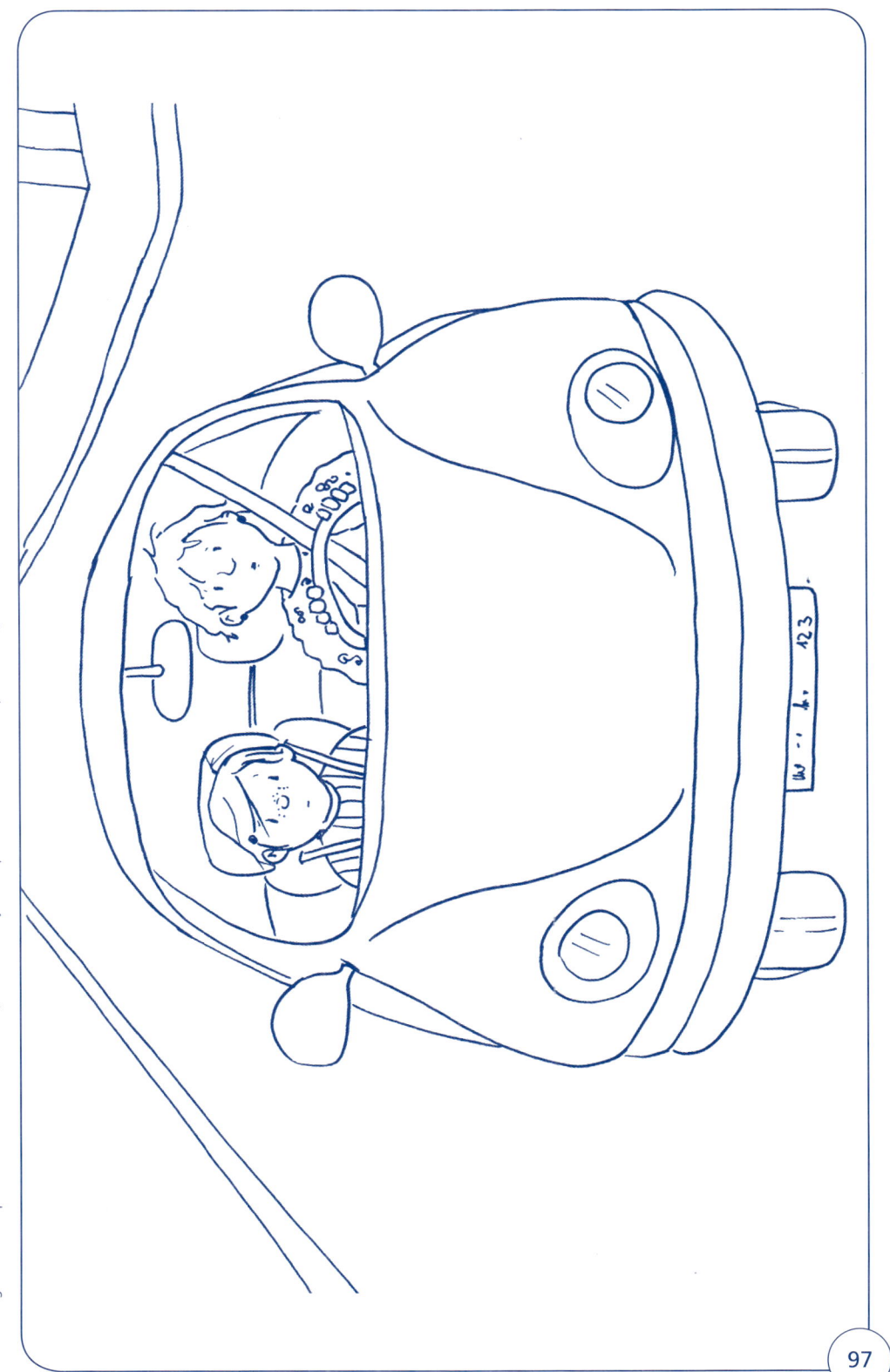

23

Zum Mitmachen, Ausprobieren und Staunen ...

 SAG DOCH MAL ...

Woran kannst du erkennen, dass jemand traurig ist oder geweint hat?

 SAG DOCH MAL ...

Was hilft dir, wenn du traurig bist, damit es dir wieder besser geht?

 SAG DOCH MAL ...

Denkst du, dass man immer fröhlich sein muss? Oder darf man auch mal traurig oder wütend oder schlecht gelaunt sein?

In der Familie von Marc herrscht seit Tagen große Aufregung. Denn Marcs Opa musste plötzlich ins Krankenhaus.

„Ein Schlaganfall", hört Marc die Erwachsenen immer wieder sagen.

Heute darf Marc den Opa endlich mal besuchen. Marc freut sich, denn Opa macht immer die tollsten Sachen mit Marc: Er geht mit ihm wandern und er zeigt ihm, wie man mit dem Taschenmesser ein Muster in den Wanderstock schnitzen kann. Er hat für Marc ein eigenes Baumhaus im Garten gebaut. Und er zeigt Marc, wie man mit Werkzeugen an der Werkbank umgeht.

Marc liebt seinen Opa.

Aber als Marc heute mit seinen Eltern im Krankenzimmer an Opas Bett steht, traut er seinen Augen kaum.

Opa liegt ganz blass und schmal da. Er kann seine Arme und Beine fast gar nicht bewegen und beim Aufsitzen muss ihm Papa helfen.

Aber als Opa Marc sieht, lächelt er plötzlich über das ganze Gesicht, so wie früher.

„Na?", fragt Opa, „da staunst du, wie dein Opa daliegt, hm?"

Marc nickt und schluckt einen dicken Kloß im Hals hinunter.

Aber Opa redet weiter: „Jetzt kann dein Opa nicht mehr für dich auf Bäume klettern und mit dir hämmern und nageln. Alles vorbei."

„Ich will hämmern und nageln", hat Marc, als er klein war, immer zum Opa gesagt.

Marc sieht, dass Opa Tränen in den Augen hat, als er das sagt.

Da hüpft Marc schnell auf Opas Bett und drückt seinen Arm.

„Aber Opa. Bestimmt kannst du was anderes tun", sagt Marc.

Opa schüttelt den Kopf.

OPA KANN WAS!

24

„Nein, Nein. Schau mich doch an. Was denn?"
Opa sieht so traurig aus.
Da sagt Marc: „Aber du kannst doch reden, Opa, oder?"
Opa nickt.
„Dann kannst du bestimmt auch singen", fährt Marc begeistert
fort.
„Weißt du noch, unser Wanderlied vom letzten Mal …?"
Opa hatte für Marc bei der letzten Wanderung ein eigenes
Lied gedichtet.
Marc fängt an, das Lied zu singen, das Opa ihm beigebracht
hat.
„Der Marc und der Opa die gehn aus dem Haus, in die Welt
hinaus, in die Welt hinaus, in die weite, weite Welt."
Als Opa das hört, geht ein Leuchten über sein Gesicht und er
singt den Refrain der nächsten Strophe mit: „… in die Welt
hinaus, in die Welt hinaus, in die weite, weite Welt."
„Siehst du, Opa", lacht Marc.
„Du kannst doch noch was. Du kannst singen!"

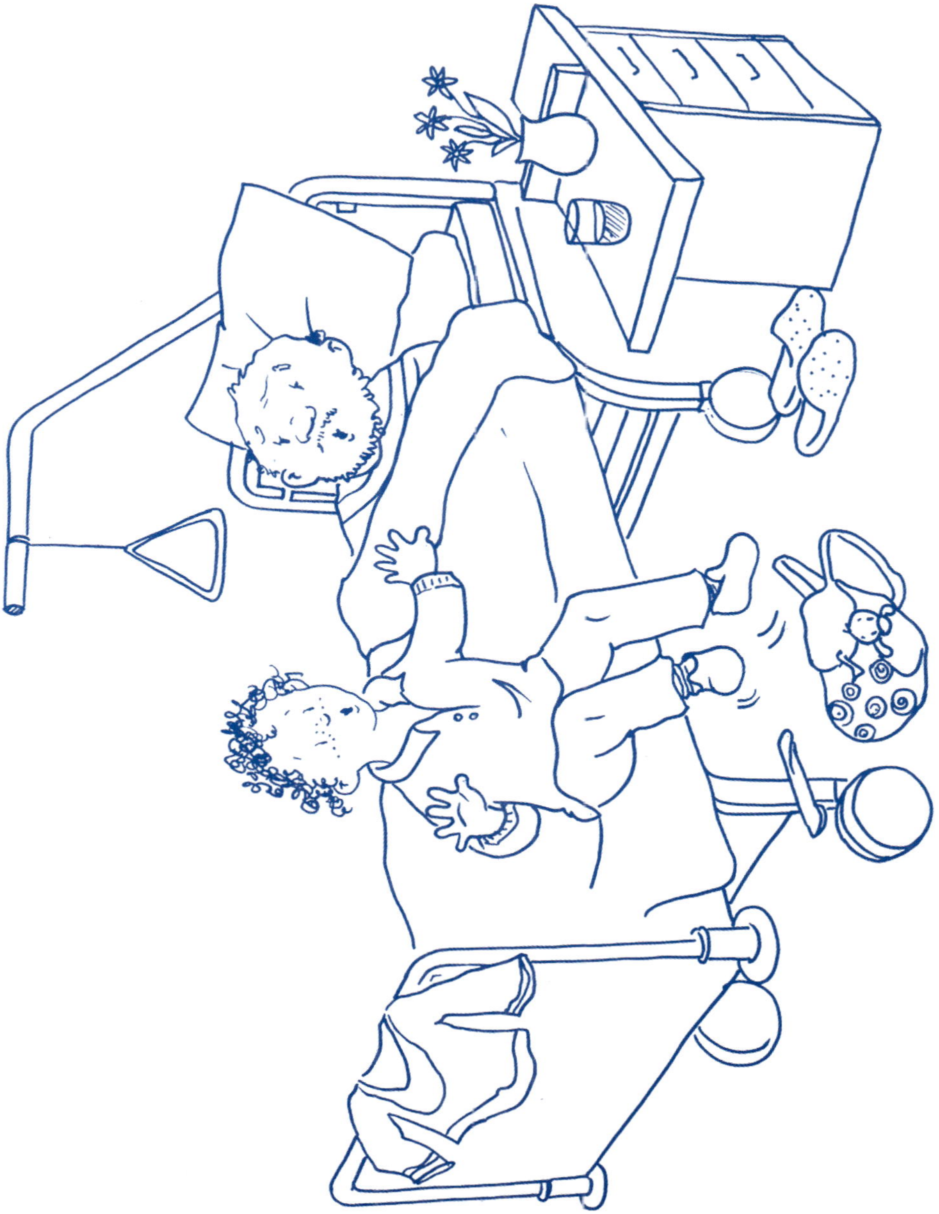

24

Zum Mitmachen, Ausprobieren und Staunen …

 SAG DOCH MAL …

Hast du mit deinem Opa oder deiner Opa schon mal etwas Tolles erlebt?

 DIE HASELNUSSRUTE

Mithilfe eines Erwachsenen kannst du mit einem Küchenmesser ein schönes Muster in die Rinde einer dicken Haselnussrute schnitzen. Versuche es!

 DAS EIGENE LIED

Kannst du auch ein eigenes Lied dichten? Nimm dazu einfach die Melodie eines bekannten Kinderliedes, z. B. „Alle meine Entchen", und dichte deinen eigenen Text dazu.

LITERATUR

Bartoli y Eckert, Petra; Tsalos-Fürter, Ellen:
Klara kann das schon alleine!
Mitmachgeschichten, die den Tag begleiten.
1–3 J., Verlag an der Ruhr, 2010.
ISBN 978-3-8346-0726-3

Bartoli y Eckert, Petra; Tsalos-Fürter, Ellen:
50 Einschlafgeschichten für aufgeweckte Kita-Kinder.
0–6 J., Verlag an der Ruhr, 2011.
ISBN 978-3-8346-0845-1

Bartoli y Eckert, Petra; Tsalos-Fürter, Ellen:
Die Welt ist voller Erzählanlässe.
Sprache fördern im Kita-Kinder-Erzählkreis.
3–7 J., Verlag an der Ruhr, 2013.
ISBN 978-3-8346-2358-4

Behrens, Antje:
Wir zischeln wie die Schlange!
Mitmachgeschichten zur Sprech- und Stimmbildung.
3–6 J., Verlag an der Ruhr, 2010.
ISBN 978-3-8346-0723-2

LINKS*

http://www.kindergartenpaedagogik.de/1482.html
Das Online-Handbuch Kindergartenpädagogik stellt zum Themenkomplex
„Krankheit, Krankenhaus, Arztbesuch" vielfältige Informationen und Hin-
weise zusammen, um Kinder mit der Lebenssituation „Kranksein" vertraut
machen zu können.

** Die in diesem Werk angegebenen Internetadressen haben
wir geprüft (Stand Juni 2013). Da sich Internetadressen und
deren Inhalte schnell verändern können, ist nicht auszuschlie-
ßen, dass unter einer Adresse inzwischen ein ganz anderer
Inhalt angeboten wird. Wir können daher für die angegebenen Internetseiten keine Verantwortung übernehmen.*

Verlag
an der Ruhr

Postfach 10 22 51
45422 Mülheim an der Ruhr

Telefon 030/89 785 235
Fax 030/89 785 578

bestellungen@cornelsen-schulverlage.de
www.verlagruhr.de

Es gelten die Preise auf unserer Internetseite.

■ **Geschichten vom Glücklichsein**

5-Minuten-Mitmach-Geschichten für Kita-Kinder

Ellen Tsalos-Fürter, Petra Bartoli y Eckert

3–6 J., 104 S., 17 x 24 cm, Paperback

ISBN 978-3-8346-2361-4

■ **Geschichten vom
Dazugehören**

5-Minuten-Mitmach-Geschichten
für Kita-Kinder

Petra Bartoli y Eckert, Ellen Tsalos-
Fürter

3–6 J., 104 S., 17 x 24 cm, Paperback

ISBN 978-3-8346-0923-6

■ **Geschichten vom
Nein-Sagen**

5-Minuten-Mitmach-Geschichten
für Kita-Kinder

Petra Bartoli y Eckert, Ellen Tsalos

3–6 J., 104 S., 16 x 23 cm, Paperback

ISBN 978-3-8346-0605-1

■ **Geschichten vom
Wütend-Sein**

5-Minuten-Mitmach-Geschichten
für Kita-Kinder

Petra Bartoli y Eckert,
Ellen Tsalos-Fürter

3–6 J., 104 S., 16 x 23 cm, Paperback

ISBN 978-3-8346-0824-6

Keiner darf zurückbleiben